ESTÉTICA Y POLÍTICA DEL RITMO

Collection Rythmologies

Agradecemos al Camões – Instituto da Cooperação e da Língua, I.P y la Alianza Francesa de Buenos Aires el apoyo para la realización de los eventos de los cuales surgieron estos textos.

Dépôt légal – Février 2020
© Rhuthmos, 2020 – N° Siret : 810946822000014
14 A, rue Notre-Dame-de-Nazareth, 75003 Paris
ISBN : 979-10-95155-23-2
ISSN : 2610-007X
Impression : KDP/CLIP
Couverture : Hélène Courset – ALKYDE sur toile n° 997 - 80 x 80 cm – 2018

SALOMÉ LOPES COELHO
Y ANÍBAL ZORRILLA,
EDITORES

ESTÉTICA Y POLÍTICA DEL RITMO

Equipo de Investigación
sobre el Ritmo en el Arte

Rhuthmos

Índice

Nota

Esta publicación es fruto de un trabajo colectivo que reúne parcialmente textos del Simposio "El Ritmo en el Arte", evento cuya organización resulta de la colaboración entre las *IV JIRA, Jornadas Internacionales el Ritmo en las Artes: Ritmo, Poética y Espacio*, Departamento de Artes Dramáticas, Universidad Nacional de las Artes, UNA, desarrollado en el Centro Cultural General San Martín en septiembre de 2018, Buenos Aires; Salomé Lopes Coelho, FCSH Universidade Nova de Lisboa; y el Equipo de Investigación sobre el Ritmo en el Arte EIRA, integrado por los docentes e investigadores del Departamento de Artes del Movimiento, Universidad Nacional de las Artes, Melisa Galarce, Leticia Miramontes, Rocío Jiménez, Viviana Vásquez y Aníbal Zorrilla, con el apoyo del Camões – Instituto da Cooperação e da Língua, I.P y la Embajada de Portugal en Argentina.

Están también incluídos en esta edición los textos de la *I Conferencia Internacional sobre el Ritmo en el Arte*, que tuvo lugar en abril de 2019, en la Alianza Francesa de Buenos Aires. La conferencia se propuso relacionar la producción teórica de Pascal Michon, invitado especial del evento, con la práctica artística y con el trabajo de los investigadores locales con el fin de establecer relaciones, correspondencias y articulaciones innovadoras en el campo de los estudios sobre el ritmo. Sus organizadores fueron la DGEART, Dirección General de Enseñanza Artística, Ministerio de Cultura de la Ciudad de Buenos Aires; Silvia Pritz, Escuela de Danzas Clásicas de La Plata; el equipo EIRA, Melisa Galarce, Leticia Miramontes, Rocío Jiménez, Viviana Vásquez y Aníbal Zorrilla; Salomé Lopes Coelho, FCSH Universidade Nova de Lisboa, también integrante del EIRA; y la Alianza Francesa de Buenos Aires.

Agradecimentos

Agradecemos a Mónica Pardo por su inestimable contribución para la edición de este volumen, y a todos los autores que compartieron sus textos con nosotros.

El ritmo y la historia del arte
en la *Belle Époque*

Pascal Michon[1]

En el siglo XIX, desde los años 1840, encontramos historiadores del arte que se interesan en el ritmo. Pero la cantidad de estudios que utilizaron este concepto comenzó a aumentar a partir de los años 1890, hasta que se convierte en una especie de cliché universitario en los años 1900 y 1910. Para evitar caer en un simple catálogo de trabajos realizados en ese entonces, propongo presentar tres puntos de vista rítmicos sobre el arte que se desarrollaron en esa época y que incluyen algunos aspectos que aún hoy están en consonancia con nuestras preocupaciones: los de Karl Bücher (1847-1930), de Alois Riegl (1858-1905) y de August Schmarsow (1853-1936). El primero era economista, los otros dos historiadores del arte.

En primera instancia presentemos la escena y los personajes principales de esta historia extraordinaria. A finales del siglo XIX, la Universidad de Leipzig se convirtió en una especie de Meca de la teoría del ritmo.

Wilhelm Wundt (1832-1920), uno de los que introdujo la cuestión del ritmo en psicología, obtuvo allí un puesto en 1875 y abrió en 1879 un laboratorio de psicología experimental que dirigió hasta su retiro en 1917. El psicólogo Ernst Meumann (1862-1915), estudiante de Wundt que dedicó su tesis doctoral a la cuestión del ritmo en 1894, también comenzó su carrera allí

1. Filósofo e historiador. PhD en Historia, École des Hautes Études en Sciences Sociales, París, y en Filosofía, Escuela Normal Superior de Lyon. Creador y moderador del sitio web y la editorial RHUTHMOS, ambos dedicados a estudios rítmicos.

Texto de la ponencia de apertura de la I Conferencia Internacional el Ritmo en el Arte, Abril 2019, Alianza Francesa de Buenos Aires. Agradezco a Leticia Miramontes por su traducción al español. (N. del A.)

(1891), antes de aceptar un puesto en la Universidad de Zúrich en 1895, manteniendo una relación muy estrecha con su alma mater. August Schmarsow (1853-1936), uno de los especialistas que sistematizó el uso del concepto de ritmo en la historia del arte, fue ascendido en 1893 a un puesto en el que permaneció hasta su retiro en 1919. Hugo Riemann (1849-1919), el mejor teórico de la música de la segunda mitad del siglo XIX, fue nombrado en esa universidad en 1895. Finalmente, Karl Bücher (1847-1930), economista y estadístico, cuyas obras introdujeron el ritmo en la economía germánica, fue nombrado allí en 1892. En el comienzo de los años 1890, el interés por el ritmo reúne así disciplinas tan diversas como la fisiología, la psicología, la historia del arte, la teoría de la música y la economía

Karl Bücher – *Trabajo y Ritmo* (1899)

En 1893 Bücher dedica su primer trabajo de envergadura, *Orígenes de la economía nacional*, a una teoría evolucionista de la constitución de la esfera económica, tal como la conocemos en el mundo moderno. Sin embargo, por extraño que parezca hoy, Bücher en su trabajo, ya se interesa por la cuestión del ritmo. Lo ve emerger lentamente al final del período preeconómico – la prehistoria – con las primeras formas de "actividad industrial", es decir – y la progresión de su argumento es sorprendente – en "la pintura del cuerpo, el tatuaje, el piercing", las expresiones plásticas como "los ornamentos, las máscaras, los diseños sobre la piel, los dibujos rupestres", más tarde en "la construcción de objetos de uso cotidiano", y finalmente "en los bailes de pueblos primitivos". En otras palabras, la producción de adornos corporales, expresiones religiosas, objetos de uso diario e incluso las danzas, ahora comparten la misma forma nueva y regular de proceso. Todas, a diferencia de la actividad cobarde y caótica del hombre natural, están organizadas en el tiempo por "ritmos", claramente diseñados por Bücher sobre el modelo métrico platónico.

Por consiguiente, la pregunta que surge es conocer el por qué de un tal surgimiento. Su respuesta es económica. Después de un período intermedio, el hombre finalmente se separa de la naturaleza y entra en una primera fase de su historia económica dominada por la economía doméstica, el *oikos*. A partir de ese momento, algunos productos son producidos artesanalmente, pero solo para satisfacer las necesidades internas del hogar. Pasan de productor a consumidor sin intermediarios y se consumen donde se producen. Sin embargo, dado que el principal medio de producción ahora es la tierra y la tecnología sigue siendo muy primitiva, una gran cantidad de trabajo debe ser realizado en común. Así, el ritmo encuentra dos orígenes, los movimientos alternativos del trabajo doméstico que aún es embrionario, y los del trabajo agrícola en donde regula todos los trabajos colectivos.

Durante la segunda fase del desarrollo económico, basada en la ciudad y el trabajo artesanal especializado, se establece una esfera del intercambio. El trabajo comienza a dividirse sin dejar de ser manual. El ritmo, que en su origen era esencialmente agrícola y doméstico, penetra masivamente el trabajo artesanal, diversificándose de acuerdo con las necesidades de los trabajos realizados por cada especialidad. Con la ciudad y la nueva economía productiva, el ritmo se convierte en un aspecto central de la vida humana.

El ritmo permite la "concatenación de trabajo" y transforma a los trabajadores autónomos en "una organización que funciona automáticamente". Pero puede ser de dos formas: sincronizada o alternada. El "ritmo sincronizado", por ejemplo, el de los trabajadores que izan una carga con un cabrestante, permite realizar "una tarea que excede a la fuerza de una sola persona, con el menor número de trabajadores posible". Por otro lado, el "ritmo alternativo", por ejemplo, el de tres herreros golpeando en cadencias desfasadas el mismo trozo de hierro calentado al rojo vivo, o el de tres mujeres golpeando cereales con morteros verticales, hace posible ejecutar una tarea que puede realizar un solo individuo pero que es extremadamente ardua de realizar. Con la adición de un segundo o tercer trabajador, "los movimientos se ajustan al sonido rítmico que producen los instrumentos al golpear el material trabajado". "En la medida que, este tipo de concatenación de trabajo regula tanto el gasto energético como los descansos y las pausas", el resultado es un "ritmo más rápido", que genera menos "fatiga" y, a veces, incluso cierta "rivalidad" que impulsa a los trabajadores a superarse. En adelante, estando regulado por el ritmo – aquí claramente definido por Bücher como *Takt* – ritmo regular –, el trabajo aumenta la productividad de los trabajadores y en consecuencia la producción.

Se encuentran muchas otras consideraciones económicas en el libro de Bücher, pero en lo que a nosotros respecta, recordemos lo siguiente: debido a los movimientos corporales que implica y los sonidos que produce, el trabajo siempre provoca un ritmo; además, gracias a su calidad formal, este ritmo ayuda, a su vez, a organizar el trabajo.

En 1896, Bücher publicó *Arbeit und Rhythmus – Trabajo y Ritmo*, un ensayo de 130 páginas que amplió en 1899 a 411 páginas y que será un éxito extraordinario. Será reeditado cuatro veces hasta 1924, traducido al ruso en 1899, pero no al inglés ni al francés, probablemente debido a la oposición de la Escuela Anglo-Francesa de Economía Política a las concepciones evolucionistas de Bücher, pero también a su interés por el arte. Muy pocos libros han tenido un impacto similar en la difusión del ritmo no solo en las ciencias sociales, sino también en las artes. Como probablemente sabrán, este libro ha fascinado particularmente a una generación de educadores, gimnastas y bailarines, entre los que se encuentran Émile Jaques-Dalcroze (1865-1950), Rudolf Laban (1879-1958), Mary Wigman (1886-1973).

Esta vez, Bücher quiere centrar su atención en la relación entre trabajo y ritmo que evocó de manera bastante marginal aún, en su estudio anterior. Tengamos en cuenta que esto se trata principalmente del ritmo en su forma acústica, ya que la pintura o los ritmos plásticos solo se habían mencionado marginalmente.

La ciencia psicológica más reciente, señala Bücher, muestra que nuestro esfuerzo psíquico es más intenso cuando cambiamos frecuentemente de herramientas o métodos. Por el contrario, se vuelve mucho más liviano cuando los movimientos, gracias a su estricta "regulación", se vuelven "automáticos" y ya no requieren la intervención de la voluntad. El trabajo se vuelve más fácil y genera más placer si lo sometemos a ejercicios regulares [*Übung* (entrenamiento musical pero también militar)]. "Con el fin de aliviar la mente, es necesario someter a los movimientos a una regla repetitiva que armonice los momentos de descanso con los de actividad".

Para Bücher, esta regla está claramente diseñada en el modelo métrico clásico de la música occidental. La ritmización del trabajo se basa – y debe estar fundada – en primer lugar en la división del movimiento en las secciones más cortas posibles; en segundo lugar, en la alternancia de "dos elementos, uno más fuerte y uno más débil", que proporciona la "estructura"; tercero, en la generación de un "ritmo" mediante la repetición de estas secciones elementales.

Al igual que en su trabajo anterior, Bücher señala que los sonidos producidos por las diversas herramientas utilizadas en la industria artesanal guían y alivian el ánimo de los trabajadores. El ritmo se compone principalmente de "golpes" distribuidos de acuerdo con una "medida" regular y de "intervalos de tiempo iguales". Muchos movimientos dan lugar a ritmos simples, compuestos de sonidos similares, pero observa que ciertos movimientos de trabajo a veces pueden generar secuencias de sonido mucho más complejas que él llama *Ton-Rhythmus*, es decir, formando una "especie de melodía" cuando "las tonalidades difieren en intensidad, altura o duración".

Después de estas consideraciones psicológicas, Bücher recurre a descripciones antropológicas y etnográficas del trabajo agrícola y artesanal que obviamente no puedo explicar aquí. Cabe señalar que el ritmo es más común, según él, entre los primitivos – al menos aquellos que ya han alcanzado el primer nivel económico –, que entre los hombres civilizados por dos razones principales: primero, debido a la mayor inclinación y mayor facilidad del "hombre desnudo" [sic] en relación a los movimientos rítmicos del cuerpo; en segundo lugar, debido a "la gran cantidad de tareas tediosas y repetitivas" a realizar debido a la falta de tecnología desarrollada. También muestra una gran cantidad de ejemplos de trabajo ritmado tomados de varios pueblos como, (cito): Negros, Árabes, Polinesios, Tonganos, Africanos Orientales, Malayos e incluso Alemanes.

El capítulo 3 de *Arbeit und Rhythmus* está dedicado a las "canciones de trabajo". Según Bücher, originalmente no había ningún ritmo "ni en la música ni en el lenguaje". Por lo tanto, el ritmo resulta única y directamente de los "movimientos del cuerpo"; es enteramente corporal, es decir se basa en la esencia fisiológica y psicológica humana.

Fiel a su método evolucionista, Bücher imagina las formas de canto más simples y supuestamente las más antiguas. Originalmente, dice, cuando el trabajo no producía por sí mismo "*ein Taktschal* – un sonido rítmico", se usaban gritos simples para ritmar el trabajo como "*hopp hopla* cuando se izaba una carga con una grúa, el *hohoi* de los marineros que zarpaban, o la simple cuenta: ¡*uno, dos, tres*! Luego se introdujeron instrumentos para "reemplazar la voz humana" como "el ritmo del tam-tam" seguido por los remeros en los países malayos, o *"der Takt der Flöte* – el ritmo de la flauta" en la antigua Grecia. El instrumento musical más común y eficaz para este propósito era "indudablemente el tambor que se encuentra entre los pueblos primitivos en todas partes y en las formas más ricas", especialmente en África. Finalmente, han sido compuestas canciones rítmicas completas y comúnmente cantadas durante los trabajos de los pueblos primitivos pero también entre personas civilizadas. El ritmo se convirtió de esta manera, a través del trabajo, en una característica universal de la humanidad.

Los tres primeros capítulos de *Arbeit und Rhythmus* abrían el camino a una gran visión evolucionista que correlacionaba el desarrollo del trabajo con el del ritmo. Ambos encontraron su origen fisiológico en el cuerpo humano y, en una etapa determinada, comenzaron a interactuar a través de las canciones del trabajo y los movimientos corporales correspondientes. Los siguientes capítulos desarrollan las consecuencias de estas premisas: si las canciones del trabajo y los movimientos corporales fueron los primeros puentes entre el ritmo y el trabajo, lógicamente ellos deben ser considerados como la forma más original de música, danza y poesía.

Me limitaré aquí a la danza porque las contribuciones de Bücher respecto a la música y la poesía son mucho menos originales y, por otra parte, no han sido apreciadas de la misma manera por los músicos y los poetas que las concernientes a la danza por los bailarines. Tengamos en cuenta que la danza se coloca en una serie de otros tipos de movimientos organizados por canciones rítmicas: el acunar a los niños, el hechizo, el exorcismo, la bendición y las prácticas terapéuticas. Pero la sección dedicada a ella es particularmente rica, por lo que atrajo inmediatamente la atención de ciertos pedagogos, "reformadores de la vida" y bailarines, que la utilizaron como base científica para su propia investigación artística y ética sobre el ritmo. Es fácil imaginar su entusiasmo cuando descubrieron en Bücher formas de uso del cuerpo mucho más amplias y expresivas que las practicadas en el siglo XIX en ejercicios deportivos, salones de baile o incluso en clases de ballet.

Lo atractivo de la historia de Bücher se basaba en al menos tres aspectos. En primer término, en lugar de hacer hincapié en la melodía y la armonía, Bücher insistía en la centralidad del ritmo en las danzas primitivas. Según él, todos estas danzas representaban "procesos y acciones" productivos que a veces eran muy complejos en formas rítmicas. Notoriamente, este comentario anticiparía la ulterior investigación sobre los ritmos realizados por bailarines como Laban o músicos como Stravinsky (1882-1971).

En segundo lugar, reconociendo la naturaleza plenamente artística de las danzas primitivas, Bücher estaba en sintonía con la estética primitivista que se desarrollaba en ese momento. Contrariamente a lo que pretendían muchos académicos, escritores y periodistas, el hombre moderno no era el único capaz de producir arte. Mejor aún: este último podía encontrar nuevos recursos expresivos en culturas primitivas; el arte era un medio común que vinculaba al hombre civilizado con su antepasado.

En tercer lugar, enfatizando en la naturaleza inseparable de la música, la poesía y la danza en las culturas primitivas, así como en algunas tradiciones folklóricas europeas, Bücher proporcionaba evidencias etnográficas y antropológicas para apoyar el programa artístico desde entonces, ampliamente difundido por Wagner bajo el nombre de *Gesamtkunstwerk* – la obra total en la cual se pueden integrar todos los tipos de arte.

Conclusión. 1. Según nuestros criterios actuales, la reconstrucción evolucionista propuesta por Bücher, naturalmente puede ser considerada, completamente especulativa e infundada. Además, como hemos visto, adhiere a una concepción muy simple del ritmo tomada de los teóricos más tradicionales. Ignora por completo las últimas contribuciones de la musicología, incluso las de su colega Hugo Riemann, como también las reflexiones más antiguas de los poetas y los artistas que se desarrollaron durante la segunda mitad del siglo XIX. Su perspectiva refiere al marco métrico platónico.

2. Pero, a pesar de estas debilidades, Bücher proporcionó a toda una generación de artistas y pedagogos una reconstrucción "científica" del origen de las tres principales "*Künste der Bewegung* – las artes del movimiento", como las llamaba. Sin embargo, si la danza, la poesía y la música todas provienen, más o menos directamente, de los movimientos corporales y las canciones de

trabajo, su ritmo, que aún hoy da testimonio de este origen, garantiza una relación natural con el mundo del trabajo y de los trabajadores. Mejor aún: los artistas que se centran en el ritmo pueden considerarse intermediarios indispensables entre un mundo de trabajo degradado por la industrialización moderna y una vida artística aún más necesaria. Bücher proporciona así todos los argumentos que necesitan los participantes en el movimiento *Lebensreform* – la "reforma de la vida" que se desarrolló en los últimos años antes de la Primera Guerra Mundial.

Alois Riegl – *La industria del arte romano tardío* (1901)

Ahora paso a Alois Riegl (1858-1905). Estudiante en la Universidad de Viena, Riegl tomó cursos de filosofía e historia impartidos por Franz Brentano (1838-1917) y Alexius Meinong (1853-1920). Como muchos historiadores del arte, comenzó su carrera estudiando arquitectura. Pero más tarde, pasó a las artes decorativas. En 1886 fue nombrado curador del Departamento Textil del Museo Imperial y Real de Austria para las Artes y la Industria de Viena, y en 1889 completó su habilitación en calendarios medievales. En 1894 finalmente consiguió un trabajo en la Universidad de Viena, donde permaneció hasta su muerte en 1905.

Hoy en día, Riegl es considerado uno de los principales contribuyentes al establecimiento de la historia del arte como disciplina académica autosuficiente pero también, con Wölfflin, como uno de los precursores de la corriente formalista. Se puede agregar que su preocupación innovadora por la forma ha llevado a una transformación significativa del concepto de ritmo que intentaré presentarles brevemente ahora.

En 1893, Riegl publicó su primer libro, *Problemas de estilo: fundamentos de una historia de la ornamentación*. En la introducción, da algunas indicaciones epistemológicas y filosóficas. El dice que ha intentado, refutar la versión materialista, que era común en la segunda mitad del siglo XIX, atribuyendo el origen de los motivos decorativos a la cestería y al tejido textil, es decir, la teoría según la cual "todas las formas de arte son siempre productos directos de materiales y técnicas". En lugar de eso, el manifiesta que ha intentado describir una "historia del ornamento" basada en un principio de "desarrollo" continuo y autónomo de las formas, centrándose al mismo tiempo, en cuatro motivos ornamentales principales: "el estilo geométrico", "el estilo heráldico", "el adorno vegetal" y "el arabesco", siguiendo la transformación y la permanencia de los mismos desde la prehistoria hasta la antigüedad y de la alta Edad Media cristiana e islámica.

Inscribiéndose así en el espiritu hegeliano, Riegl afirma que cada uno de estos motivos fue producido y reelaborado continuamente por "*ein bestimmtes Kunstwollen* – por una voluntad artística particular" o "*ein inmanenter künstlerischer Trieb* – una tendencia artística inmanente". Desde los primeros tiempos, dice, el hombre "lucha con la materia" y expresa en el arte la realidad tal como la desea. Como resultado, el desarrollo estilístico fue guiado por tendencias contingentes desprovistas de cualquier vínculo con preocupaciones tecnológicas pero que eran específicas de cada edad y de cada grupo social.

Sin embargo, Riegl rechaza la pretensión especulativa hegeliana según la cual todo desarrollo artístico expresa y está dirigido por la Historia del Espíritu. Es por eso que finalmente aboga por el relativismo histórico puro: de hecho, no hay allí ninguna superioridad de las expresiones artísticas posteriores sobre las expresiones anteriores; no hay ningún progreso en el arte; cada producción nace de un *Kunstwollen* particular e inconmensurable. Por consecuencia, este punto de vista desplaza la atención del contenido o del sentido hacia la forma. Dado que cada tipo de arte está animado por una voluntad artística única, específica de una época y un pueblo, todas las obras producidas durante este período y por este pueblo tienen las mismas características formales. Por lo tanto, la historia del arte no debe limitarse – como es costumbre en el siglo XIX – a buscar los significados históricos, culturales o religiosos de los elementos que componen un adorno, una pintura, una escultura o una pieza de arquitectura. Debe centrarse en las similitudes formales entre diferentes expresiones de una época o de un pueblo.

Paradójicamente, como veremos, esta nueva orientación formalista ha contribuido en gran medida a la propagación de la temática del ritmo, pero de una manera bastante diferente a la de Bücher. Cada uno de los principales motivos ornamentales – "estilo geométrico", "estilo heráldico", "adorno vegetal" y "arabesco" – se basa efectivamente en el ritmo.

Los habitantes de las cavernas, dice Riegl, comenzaron a organizar líneas de acuerdo a "las leyes artísticas fundamentales de simetría y ritmo", y a componer formas geométricas como "triángulos, cuadrados, diamantes y círculos", o figuras repetitivas como "motivos en zigzag [...] líneas onduladas y espirales". Todas estas formas nos son familiares, señala, "gracias a la geometría plana" y están inspiradas en nuestras habilidades geométricas innatas.

Este énfasis puesto en la geometría más que en la música explica por qué la nueva ampliación del concepto de ritmo de Riegl implica aún más que en Bücher – de una manera que se hace eco de la fisiología de la época – una regularidad absoluta, ya sea la del motivo mismo o la de sus modificaciones. Un adorno rítmico puede implicar una alternancia regular de dirección, como en los motivos en zigzag y líneas ondulantes, o un cambio regular de dirección, como en los espirales.

El origen histórico del estilo geométrico se materializa en las series regulares de perlas u objetos, interrumpidos o no por elementos diferentes, que encuentran los arqueólogos en sus excavaciones. Riegl también cita observaciones de antropólogos australianos y neozelandeses para sugerir una posible generación de motivos rítmicos a partir de tatuajes de piel en sociedades prehistóricas.

Riegl continúa, en el resto de su libro, su estudio de los acontecimientos históricos de otros motivos ornamentales: el heráldico, el vegetal y el arabesco, pero los principios que lo guían siguen siendo los mismos y no es necesario, como parte de esta presentación, ir más allá. Me permito referirlos a su trabajo, si están interesados en estas cuestiones.

En 1901, Riegl publica su obra más famosa: *Spätrömische Kunstindustrie – La industria del arte romano tardío*. Este libro se centra en el período de "transición" muy descuidado del final de la Antigüedad, un período comúnmente considerado como testigo del "colapso" de las normas clásicas bajo la "presión bárbara" de los pueblos germánicos. Fiel al relativismo estético presentado en *Problemas de estilo*, Riegl aborda el cambio artístico durante este período no como un síntoma de la decadencia del arte civilizado sino como la mera consecuencia de la interacción entre el legado de períodos anteriores y un *Kunstwollen* completamente nuevo.

Debido a sus investigaciones anteriores sobre los ornamentos, Riegl inicialmente quería centrarse en la "artesanía artística", es decir, en pequeños objetos tales como las fíbulas, broches, hebillas de cinturones, joyas de todo tipo, producidas en serie por un gran mercado que abarca, hasta el siglo VII, toda la cuenca mediterránea. Sin embargo, como la mayoría de los historiadores consideraban que estos artefactos reflejaban directamente la "barbarización" de la cultura romana durante el "período de migración de los pueblos", finalmente decidió comenzar su estudio con tres tipos de arte menos controvertidos: arquitectura con edificios como el Panteón romano, basílicas paganas y cristianas, y monumentos como el Arco de Constantino; escultura con bajorrelieves de sarcófagos, bustos de emperadores y dípticos de marfil; y finalmente, aunque no sea pintura, que falta al final del período romano, estudia los mosaicos como los que decoran algunas de las iglesias y palacios tardíos de Ravena y Roma.

Según Riegl, en la Antiguedad, el "objetivo último" de la creación artística, el principio más importante de su *Kunstwollen*, es "reproducir las cosas externas [ya sean objetos, animales u hombres] en su individualidad material distintiva". Pero "el espacio lleno de aire atmosférico, por el cual estos parecen estar separados el uno del otro", no se les presenta como "material"; por el contrario, es "la negación de la materialidad, una nada". Por lo tanto, "el espacio no puede ser el tema de la creación artística" y la arquitectura antigua insiste en "la construcción de límites" en detrimento de "crear espacio". El arte antiguo privilegia la altura y el ancho, es decir, el plano, mientras que la profundidad, es decir el espacio, está limitada al máximo, aunque según modalidades que varían en el tiempo, lo veremos.

Sin embargo, para comprender la posición de Riegl en su conjunto, debemos tener en cuenta que, incluso si basa sus análisis en esta asociación del individuo material y el plano de representación, propone, sin embargo, reconstruir la evolución del arte antiguo hasta el final de la Antigüedad, bajo la presión de una progresiva, aunque limitada, "emancipación del espacio".

El razonamiento de Riegl es el siguiente: en el arte egipcio, ya sea en templos cerrados o bajorrelieves pintados utilizados en tumbas, la presentación de cosas externas está encerrada en un "plano táctil" o "háptico", resultante de las sensaciones del tacto, que corresponde, con respecto a la vista, a la "visión de cerca".

En una segunda fase ilustrada por el arte griego clásico, por ejemplo el Partenón o los bajorrelieves que lo adornan, se introduce una cierta profundidad, por lo tanto, algunas sombras en la representación de las cosas y los seres. Para ser percibidos adecuadamente, estos requieren un distanciamiento del ojo, sin embargo, "no hasta el punto de interrumpir el vínculo táctil continuo entre las partes". Esta percepción "óptico-táctil" implica un tipo de visión "situada entre la visión distante y la visión cercana", que podría calificarse como "visión normal".

En la tercera fase, específica de la Antigüedad tardía, la existencia del espacio finalmente se reconoce en la obra pero, y esta restricción es esencial, "únicamente en la medida en donde se incorpora a los individuos materiales, es decir, como un espacio impenetrable, cúbico y medible, no como una profundidad infinita extendiéndose entre cosas materiales individuales". Dado que el objetivo principal de los artistas es "reproducir claramente los individuos materiales", las formas, estrechamente rodeadas por su espacio cúbico, permanecen posicionadas "independientemente del espacio [global] en el que están ubicadas", es decir en consecuencia, en el plano.

La condición del ritmo, por lo tanto, varía según estos tres períodos. En los templos egipcios, se niega el espacio y así el ritmo está prácticamente ausente. Solamente existe en forma de un ritmo de líneas o de motivos ornamentales, pero aún no participa en la arquitectura.

En los templos o pórticos griegos clásicos, hay un comienzo de "reconocimiento del espacio como tal", es decir de la profundidad, pero esta última no es suficiente para sugerir un ritmo óptico preciso. Las columnas siempre están conectadas visualmente al plano del fondo.

Todo cambia en el siguiente período inaugurado por el Panteón de Roma dedicado en el 126 después de JC. Significativamente, Riegl se abstiene de usar el término ritmo para describir la sucesión de columnas que sostienen el famoso pórtico, mientras que lo usa explícitamente para describir su espacio interior y su alternancia regular de superficies claras y de sombras oscuras producidas por los nichos laterales.

Del mismo modo, subraya el hecho de que en el Arco de Constantino, construido en Roma entre 313 y 315, los bajorrelieves muestran figuras "proyectadas con una precisión meticulosa sobre un plano", "claramente separadas entre sí" por hendiduras profundas, a fin de presentar una "alternancia regular" de "partes luminosas" y de "sombras oscuras". El ritmo se convirtió en una característica dominante de la expresión artística.

Concluimos. 1. De una manera muy original e interesante, Riegl hace del ritmo el resultado de un plegamiento del plano de la representación. Todo sucede como si la superficie plana y lisa original de la obra de arte, cualquiera sea el arte a la que pertenece, se hubiese contraído gradualmente, lo que habría llevado primero a la aparición de surcos superficiales en el período clásico y luego cavidades muy profundas al final del período romano. En términos menos metafóricos, la propagación de formas rítmicas en la Antigüedad tardía sería el resultado del plegamiento progresivo del plano original de la representación artística. El retroceso gradual del ojo, la transición de una visión cercana a una visión lejana, y la primacía del plano que acompaña a esta mutación serían, por lo tanto, solo fenómenos subordinados a la introducción progresiva del espacio y al resultado del plegamiento de la obra sobre si misma.

2. El problema es que Riegl concibe el ritmo como una simple alternancia óptica regular. El ritmo es *ein Wechsel* – una alternancia, o *ein Wiederkehr* – una recurrencia regular de partes iluminadas y oscuras, claras y sombrías, en un plano observado a distancia. De una manera aún más marcada que Bücher, Riegl ignora las contribuciones antimétricas de los teóricos de la música y los poetas de su tiempo y se inspira en modelos ultramétricos propuestos por las ciencias de la vida.

August Schmarsow – *Conceptos básicos de la ciencia del arte* **(1905)**

Ahora paso a la tercera parte de mi presentación. Durante los años 1900, el ritmo ha sido objeto de un animado debate entre las escuelas de historia del arte austríaco, por un lado, y el suizo-alemán, por el otro. El ritmo, considerado por la primera, que acabamos de ver, como una *forma espacial plana*, ha sido redefinido por la segunda como *una forma de proceso en el espacio*. Para referirme a esta controversia, ahora presentaré la posición del principal oponente de Riegl: el historiador de arte alemán August Schmarsow (1853-1936).

Schmarsow estudió literatura, filosofía e historia del arte en Zúrich, Estrasburgo y Bonn. En 1882 fue nombrado profesor en la Universidad de Göttingen y, después de una estancia en Florencia, en donde fundó el *Kunsthistorisches Institute en Florenz* – Instituto de Historia del Arte en Florencia, fue promovido a la prestigiosa universidad de Leipzig, en donde enseñó historia del arte hasta 1919.

Schmarsow abordó por primera vez la cuestión del ritmo en dos breves presentaciones: la primera en 1893, que fue su discurso inaugural en la Universidad de Leipzig: *La esencia de la creación arquitectónica;* el segundo en 1896, titulado *Valor de las dimensiones en la construcción espacial humana.* Luego volvió sobre el tema en 1905 en su famoso ensayo *Conceptos básicos de la ciencia del arte: Discutido de manera crítica durante el pasaje de la antigüedad a la Edad Media y presentado en un contexto sistemático.* Luego, a lo largo de su vida, siempre presentó el ritmo como una categoría central de arte y publicó muchos libros sobre el tema, principalmente en la revista *Zeitschrift für Ästhetik und allgemeine Kunstwissenschaft* de Max Dessoir. Por otra parte, parece que alrededor de 1900, tuvo la intención de crear, con otros colegas de la Universidad de Leipzig como Wundt y Riemann, una especie de centro de ritmo que, sin embargo, nunca llegó a hacerse realidad.

De una manera que ha permanecido en la memoria de los especialistas, Schmarsow define la arquitectura como un *"Raumgestalterin"*, un neologismo que podría traducirse como creadora, configuradora o incluso escultora del espacio, es decir una definición totalmente opuesta a la habitual basada en la construcción de paredes y techos. La arquitectura no es el arte de erigir masas físicas, dice, sino el de "crear o configurar espacios", en el interior como, de hecho, en el exterior de estas masas.

Al igual que el espacio de los físicos, el espacio que concierne al arquitecto tiene tres dimensiones (altura, ancho, profundidad), pero inicialmente no depende de una concepción puramente matemática. Debe concebirse a partir de los datos que la ciencia psicológica ha podido recopilar sobre su construcción a través de la experiencia y la síntesis intelectual. Es un espacio que primero es percibido por los sentidos (visión, audición, percepción de los movimientos del cuerpo), luego almacenado por la memoria y finalmente reconstruido por la mente y la imaginación. Este espacio es, por lo tanto, producto de una percepción, una síntesis y una proyección fundamentalmente humana.

En el ensayo de 1896, Schmarsow desarrolla un poco más esta idea sustituyendo una perspectiva proto-fenomenológica a su anterior concepción puramente psicológica. La arquitectura crea espacios sobre la base del "conflicto creativo del sujeto humano *[eine schöpferische Auseinandersetzung]* con su entorno espacial", lo que implica "nuestra organización tanto espiritual como corporal" y está determinada por las reglas de "la existencia en el espacio".

Desde este punto de vista existencial, "para el hombre, la primera dimensión es la altura", el eje que conecta "el centro de gravedad al sitio de la inteligencia" constituye su "meridiano". Resulta de la postura erecta que nos diferencia de los animales. Esta dimensión aparentemente está limitada hacia abajo por el suelo y hacia arriba por nuestra cabeza, pero de hecho nuestra capacidad de extender nuestros brazos por encima de nuestra cabeza y extender nuestra mirada por encima de nuestros brazos permite que esta dimensión se desarrolle infinitamente.

La dimensión del ancho es inducida por la "yuxtaposición de varias alturas" o, más simplemente, de la "presencia de un segundo cuerpo cerca de mí". Pero también resulta de "el ancho de los hombros y las caderas, nuestra forma de dar codazos para colocarnos en un espacio, y finalmente de la extensión completa de los brazos", a lo que naturalmente debemos agregar el "ancho de nuestro campo de visión" y la posibilidad de agrandarlo aún más girando los ojos y la cabeza a ambos lados.

La tercera dimensión, la de la profundidad, es la más importante para la arquitectura. Primero, porque la profundidad implica, por su propia naturaleza, "la idea de movimiento", y por lo tanto constituye la dimensión fundamental, "la raíz psicológica de la arquitectura". Y luego, debido a que las otras dos tienen necesidad, para desarrollarse plenamente, de esta "idea de movimiento" que necesariamente toman de la tercera dimensión, en la que luego son "transformadas". La altura y el ancho se vuelven significativos solo cuando imaginamos que nos movemos hacia arriba y hacia abajo, o de lado a lado, en un "proceso progresivo". Por último, porque la profundidad es la dimensión que los teje a todos en una "relación sistémica".

De una manera bastante tradicional, Schmarsow afirma que cada una de estas tres dimensiones espaciales se rige por una particular *"Gestaltungsprincip* – un principio de configuración" estética particular: la altura por la "proporción"; el ancho por la "simetría"; y la profundidad por el "ritmo". Pero en realidad, por la razón que acabo de explicar, todo se basa en el ritmo.

El ritmo es perceptible, señala, solo por el "movimiento libre" del cuerpo y por lo tanto depende de la tercera dimensión que es "la dirección más importante para la construcción espacial real". No existe mejor manera de apreciar el espacio de una obra arquitectónica que recorrerlo, o imaginar moverse en él, o "atribuir a las líneas, superficies y volúmenes estáticos" el movimiento de nuestros ojos y nuestras sensaciones kinestésicas. Schmarsow enfatiza el hecho de que todas las metáforas rítmicas comúnmente utilizadas en la arquitectura tienen su origen en el movimiento, real o imaginario, del observador o al menos de sus ojos. El ritmo de una arquitectura es, por lo tanto, el resultado del cruce del espacio construido por el arquitecto y el libre movimiento espacial del visitante dentro de este espacio; ya no es la armonía de las proporciones, como en Vitruvio o Alberti, ni la expresión de un movimiento interno que domina la organización de un edificio, como en las especulaciones vitalistas anteriores de Kugler (1808-1858) o de Wölfflin (1864-1945), sino un dato puramente físico-psicológico.

Con respecto a la forma misma de este ritmo, Schmarsow argumenta en primer lugar que esta generación psicológica del espacio sigue nuestra "tendencia natural a la organización", que tiene sus raíces en las oscilaciones de nuestro caminar, los latidos de nuestro corazón, o la alternancia de nuestra respiración, pero que también se ilustra por "la decoración de nuestras herramientas" o "el adorno de nuestro cuerpo" por "series (de signos) similares o alternadas, en repetición simétrica o en formas regulares".

Para Schmarsow, "orden", "recurrencia" y "regularidad abstracta" son, por lo tanto, las reglas esenciales que la arquitectura recibe de su sustrato físico-psicológico humano. Todos estos principios, afirma, son "formas ideales de la intuición humana del espacio".

Sin embargo, señala, esta vez desde el punto de vista de los objetos, que el espacio de un edificio puede producir una impresión agradable solo si no es demasiado "puro y rígido" y si esta completado por una "vida propia". La "animación" y la "sensación humana de fuerza" deben ser privilegiadas a la "regularidad abstracta", en otras palabras, el ritmo debe ser privilegiado al metro. Schmarsow aquí se opone firmemente a Riegl y Bücher, y se une a Wölfflin en su oposición entre *Gesetzmässigkeit* – legalidad absoluta y *Regelmässigkeit* – simple regularidad.

Una forma pura y rígida sería a la larga bastante insoportable como marco cotidiano de la vida humana, dice, incluso teniendo en cuenta la marcada preferencia humana por la regularidad y la regla. El espacio debe tener vida propia para satisfacernos y hacernos felices. (*La esencia de la creación arquitectónica*, 1894, trad. Harry F. Mallgrave y Eleftherios Ikonomou, pág. 20)

Como era de esperar, Schmarsow compara, en el análisis final, los sentimientos inducidos por la arquitectura con los producidos por la música. "Elaborando de manera creativa" nuestro sentido tridimensional del espacio, la arquitectura produce, dice, un efecto similar al de la música en nuestro "dominio del mundo de los sonidos". La "composición" resultante de las sensaciones que acompañan el movimiento corporal y la observación visual del espacio por parte del observador durante su desplazamiento en la profundidad es similar, dice, a una "composición musical", a "un fragmento de poesía", o incluso "un drama".

Conclusión

A modo de conclusión, ya podemos observar que entre 1890 y 1914, para numerosas disciplinas el ritmo se convirtió en un concepto operativo y hasta incluso en un tema de investigación en sí mismo. Cuando, en vísperas de la primera guerra mundial (1913), Christian Ruckmich, un joven psicólogo estadounidense, publica una bibliografía de estudios sobre el ritmo, ésta ya tenía más de 200 títulos. El número de obras aumenta tan rápidamente que se ve obligado a completar su bibliografía en 1915, en 1918 y nuevamente en 1924.

Por otra parte, como acabamos de ver con el ejemplo de la historia del arte, muchos de estos discursos se basan, de cerca o de lejos, en la concepción platónica del ritmo como "orden de movimiento" (*Las Leyes*). Comparten un aire de familia que no hay que caricaturizar, pero que es muy significativo.

Dicho esto, sería un error restringir la contribución del siglo XIX al modelo platónico. El ejemplo de Schmarsow ya es bastante sugestivo de cierta distancia con respecto al modelo, pero todavía podríamos evocar muchas otras fuentes de crítica del paradigma platónico. Sin embargo, esto requeriría una presentación adicional que les ahorraré: mencionemos, simplemente, a los pedagogos, gimnastas, bailarines y filósofos como Jaques-Dalcroze, Laban, Steiner y Klages; los músicos teóricos, como Wagner o Stravinsky, y los teóricos de la música como Hauptmann y especialmente Riemann; filósofos de flujos y procesos como James, Bergson y Whitehead; y finalmente teóricos y practicantes del lenguaje como Humboldt, Nietzsche, Baudelaire, Hopkins, Mallarmé, quienes se han orientado hacia una crítica más o menos radical del metro. Estas son las contribuciones que ahora me gustaría estudiar y sobre las cuales, atentos los aficionados, queda mucho por hacer.

Bibliografía

BÜCHER, K. (1909). *Arbeit und Rhythmus*. Leipzig/Berlin: B. G. Teubner.
RIEGL, A. (1901). *Die Spätrömische Kunst-Industrie*. Wien.
SCHMARSOW, A. (1905). *Grundbegriffe der Kunstwissenschaft*. Leipzig/Berlin: Teubner.

Poesía, relaciones intermediales, flujos rítmicos

Rosa Maria Martelo[1]

La hipótesis de que la poesía mantiene una afinidad con la imagen visual y la música ha sido considerada desde dos perspectivas diferentes o incluso opuestas. En una de ellas, la poesía se presenta como arte de la imagen y la música en sí misma y se entiende como el flujo rítmico de imágenes y sonidos; en la otra, se coloca más linealmente como un discurso dialógico con las artes de la imagen y la música, lo que lo lleva a explorar prácticas intermediales diversificadas. ¿En qué medida estas dos inflexiones reflejan diferentes formas de abordar la historicidad de los discursos y los ritmos del mundo moderno y contemporáneo? Esto es lo que se quiere analizar.

Poesía e Historia, Ritmos y Contra-ritmos

En 2014, la revista brasileña *Remate de Males* publicó, en su trigésimo cuarto número, un dossier sobre el tema "La poesía y los ritmos de la historia". En el texto introductorio, Marcos Siscar y Eduardo Sterzi expusieron las ideas orientadoras del volumen y destacaron su intención de abordar las formas no lineales en que la poesía se articula con el tiempo histórico. Sin cuestionar la condición temporal de la poesía, Siscar y Sterzi destacaron el hecho de que el discurso poético a menudo "se presenta(ra) como

1. Rosa Maria Martelo es ensayista y profesora de Literatura y Estudios Interartísticos en la Facultad de Letras de la Universidad de Porto – Portugal.

Este texto fue presentado en la *IV JIRA Jornadas Internacionales Ritmo en las Artes: Ritmo, Poética y Espacio*. Universidad Nacional de las Artes (UNA) – Departamento de Artes Dramáticas, desarrolladas en el Centro Cultural General San Martín, septiembre de 2018, Buenos Aires, Argentina, con el apoyo de Camões – Instituto da Cooperação e da Língua, I.P y Embajada de Portugal en Argentina. Traducción de Florencia Carrizo.

una contra historia que explota los contra-ritmos (pausas, síncope, arritmias) a través de los cuales, incluso, cuestiona las narrativas históricas convencionales" (2014, pág. 7).

En las reflexiones de Siscar y Sterzi se destacan nociones como *pluralidad, complejidad, desajuste, intempestividad* (SISCAR y STERZI, 2014, pág. 7), usadas para argumentar que la temporalidad de la poesía no puede verse como una transposición directa del tiempo histórico. No es que ambos autores, poetas y críticos, pretendan darle a la poesía un estado de vanguardia y anticipación; no se trata exactamente de reclamar el sentido moderno en el que Rimbaud negaba a la poesía la función de "ritmar l'acción" y le atribuía una posición de vanguardia (RIMBAUD, 1999, pág. 246). Los ritmos poéticos ahora serían otros, específicos, sí, pero no necesariamente anticipatorios. ¿Y qué serían en ese caso?

Para responder a esta pregunta, el poeta y crítico francés Michel Deguy propone, en el mismo número de *Remate de Males*, un texto en el que cuestiona la posibilidad de que se puedan articular los ritmos de la poesía y los de la Historia, especialmente dado que la poesía dejó de lado la propensión épica y dramática en favor de la tematización de las singularidades individuales. El título del artículo de Deguy, "¿Historia, poesía, ritmo?", así formulado a modo de cuestión, sugiere inmediatamente la existencia de una relación compleja entre los ritmos de una y otra.

"¿Los ritmos poéticos y los ritmos de la Historia, sincrónicos o diacrónicos, tienen sentido juntos?", pregunta el poeta francés (DEGUY, 2014, pág. 10), y luego agrega: "No sé si la compleja relación entre poesía e historia (¿existe?) puede ser "reconocida" en una Historia de la poesía en general, o si la hipótesis de esta complejidad subyace a la creación poética..." (DEGUY, 2014, pág. 10). Más adelante aclarara su argumento:

> La historia busca sentido, "el sentido de la historia"; esta no puede pensar un no sentido, es decir, la verdad. La historia no piensa. Hacer ilegible lo que se ha vuelto increíble es la fórmula que dice el privilegio del arte (la poesía) (DEGUY, 2014, pág. 13)

Michel Deguy hace reservas sobre cualquier forma lineal de correspondencia entre el curso de la Historia y un supuesto curso de la poesía, atribuyendo a esta última "la memorabilidad, la figurabilidad", propiedades que el ensayista distingue del hacer de la Historia (DEGUY, 2014, pág. 13). Para Deguy, el campo de la poesía es el de *"ser como"*, de la "comparabilidad (o de la figurabilidad) de las cosas" (DEGUY, 2014, pág. 14). Es así como la poesía puede, en su opinión, plantear la pregunta que considera esencial: "¿Las cosas *tienen que ver* juntas o no tienen *nada que ver?*" (DEGUY, 2014, pág. 14)

Ana Luísa Amaral defendió recientemente una perspectiva similar, suscribiéndose a la declaración de Pavese: "La poesía comienza cuando un idiota mira el mar y dice *'parece aceite de oliva'*" (AMARAL, 2018, pág. 233). "Parecer no es ser", reconoce Ana Luísa Amaral, aunque recuerda que tanto parecer como ser "mantienen relaciones basadas en la posibilidad de crear mundos, posibles, no siempre paralelos" (AMARAL, 2018, págs. 233-234).

Por mi parte, destacaría que la condición de "ser como" acerca y aleja simultáneamente, es decir, nos dice que el ritmo de la poesía no tiene que ser el de la Historia, y que de la poesía no esperamos el ritmo de la acción, sino otros ritmos. Pavese usa el verbo *decir*, recordándonos que para tener poesía no es suficiente pensar que el mar parece aceite de oliva, es necesario *transponer a las palabras dichas* este "ser como". Muchos ciertamente usarían en este contexto el verbo *fundar*, dirían de fundar con palabras este "ser como". De una forma u otra, sería cuestión de *mirar y decir* (ni mirar ni decir es suficiente por sí solo en la frase de Pavese), y por lo tanto parece legítimo pensar que es en la relación entre sonido e imagen, por el cual lo dicho corresponde a la mirada, que se funda si no el ritmo *de la* poesía (temo mucho por las definiciones esencialistas) al menos la idea de ritmo que asociamos con la poesía, que, según Henri Meschonnic, presupone una subjetividad en acción.[1]

---

1. Cf. Henri Meschonnic (1982, págs. 126-127): "Defino el ritmo en el lenguaje como la organización de las marcas a través de las cuales los significantes, lingüísticos y extralingüísticos, (en el caso de la comunicación oral, particularmente), producen una semántica específica y distinta del sentido lexical, el cual designo como significancia: o sea, los valores propios de un discurso y únicamente de ese discurso. Estas marcas pueden situarse en todos los "niveles" del lenguaje: acentuales, prosódicos, lexicales, sintácticos. En su conjunto, constituyen una pragmática y una sintagmática que, precisamente,

Regresaré a esta pregunta, pero por ahora, y retomando los comentarios de Michel Deguy, enfatizaría que la conciencia de lo intempestivo de la poesía no impide que este poeta haga dos declaraciones sobre la poesía contemporánea, en las que la relación de la poesía con las circunstancias de su tiempo también es evidente. La primera dice lo siguiente:

En cuanto a la poesía, definitivamente se ha convertido en animación cultural a los ojos de la opinión pública; o indiferente a los acontecimientos, por autismo lírico, e incluso indiferente a la inteligibilidad, por "surrealismo". Introducir *la poética* en el Debate "intelectual" se convirtió así en la gran pregunta para "nosotros", los teóricos de la poesía [poéticiens]. (DEGUY, 2014, pág. 12)

La segunda afirmación se hace cargo y complementa la que se acaba de citar. Michel Deguy se refiere a "este episodio tardío superficial (que sería el siglo XXI)" para tener en cuenta:

la poesía ya no está en el juego; ella juega en el patio de la (re)creación [(ré)création] cultural de la ciudad; dispersa en animaciones heterogéneas que la homonimia "poesía" aún logra reunir vagamente, con poco presupuesto. (DEGUY, 2014, pág. 16)

Me interesan estas afirmaciones por la forma en que articulan dos aspectos: el hecho de que la poesía actual puede asociarse con la animación cultural, sin más, como si representara su propósito final como fenómeno artístico; y la circunstancia subsecuente de que la poesía corre el riesgo de ser vista como una mera actuación lúdica e intrascendente en el plano de la (re)creación cultural (y hago notar el juego de palabras entre *recreación* y *recreo* que permite la palabra francesa *récréation*). Para Deguy, una poesía que encuentra su propósito en la industria cultural corre el riesgo de convertirse en una actividad divertida, esencialmente repetitiva,

neutraliza la noción de nivel. Contra la reducción común y corriente del "sentido" a lo lexical, la significancia dice al respecto a todo discurso, está en cada consonante, en cada vocal que, en tanto paradigma y sintagmática, destaca las series. Así, los significantes son tanto sintácticos como prosódicos. El "sentido" deja de pertenecer a las palabras, lexicalmente. (…) Y tratándose el sentido de la actividad del sujeto de la enunciación, el ritmo es la organización del sujeto como discurso en el discurso y a través de su discurso".

pacífica y lúdica. La palabra poesía correría el riesgo de designar un conjunto diverso de actividades más o menos inocuas, condenadas a ritmar los acontecimientos (en el sentido de que Rimbaud se negó) sin tener nada que lo contrarrestara.

En otras palabras, podríamos preguntarnos si en el contexto occidental estamos viviendo una especie de academicismo poético, más democrático que los anteriores, es cierto, pero igualmente incapaz de inventar, cuestionar y sorprender, y, como todos academicismos, inofensivo y disciplinado. Esto incluso lo sugiere Alfonso Berardinelli cuando en una entrevista reciente critica el corporativismo en las artes y las letras, contrarrestando la necesidad de una soledad creativa y participativa.

Berardinelli sitúa en el período posterior a mayo de 68, los años setenta y posteriores, la proliferación de una variedad de poetas y críticos que estarían más interesados en pertenecer a un grupo que en el debate y la confrontación de las poéticas. Y observa en los círculos culturales contemporáneos una "condescendencia general", tanto en términos de producción como recepción, con el apoyo de un público que conoce poco. En su opinión, se habría pasado de "una crítica terrorista a cualquier actividad cultural y literaria, a una especie de condescendencia generalizada, según la cual la descripción misma de los defectos de un autor se considera una especie de delito" (BERARDINELLI, 2018). Y el crítico italiano continúa en estos términos:

La única aspiración de estos autores es incluirse en el panorama general, en las antologías, en el registro del sector cultural en sí mismo, como puede ser parte de cualquier colegiado profesional. Esto sucede cuando las artes tradicionales se quedan sin público, algo que se expande cada vez más. (...) En poesía, este [juicio] no ocurre, porque no hay público capaz de juzgar si un poeta vale o no. Generalmente, uno es aceptado, y aquellos que son más expertos en ser aceptados terminan siendo poetas importantes, sin que nadie los juzgue críticamente. (BERARDINELLI, 2018)

Tres poetas a contramano

En el contexto de la poesía portuguesa del siglo XXI, la visión decepcionada del rol actual de la poesía expresada por Alfonso Berardinelli resuena en la situación sin precedentes de tres de los poetas portugueses más importantes de la alborada de este siglo hoy: cada uno a su manera y de forma no coordinada, manifestan una relación muy crítica, distante o incluso "incómoda" con la poesía. Me refiero a José Miguel Silva (*O Sino de Areia*, 1999), Manuel de Freitas (*Todos Contentes e Eu Também*, 2000) y Rui Pires Cabral (*Geografia das Estações*, 1994). Después de que los primeros quince años del siglo XXI, o incluso un poco antes, hayan publicado en verso con notable sistemática, estos autores prefieren el silencio o la prosa o, en el caso de Rui Pires Cabral, una presencia cada vez más evidente de formas de expresión visual, en detrimento de la poesía lírica más convencional.

La posición más extrema es sin duda la de José Miguel Silva, quien, después de un largo silencio solo puntuado por colaboraciones raras en publicaciones periódicas, publica, en 2017, un libro con el título esclarecedor de *Últimos poemas*.[1] Con una temática fuertemente política, que evidencia con gran atención al descrédito del gobierno neoliberal y la indiferencia general a la rápida progresión del desastre ecológico resultante del imparable desarrollismo capitalista, el libro de José Miguel Silva tiene como objetivo poner fin a la actividad del poeta. La expresión "últimos poemas" podría entenderse en el sentido de que estos textos son simplemente los poemas más recientes del autor; sin embargo, es la idea del fin la que se destaca en el libro. La crítica lo leyó de ese modo, y no se cree que el autor cuestione esa lectura.[2] Todo lo contrario, desde entonces José Miguel Silva ha mantenido un silencio escrupuloso que parece subrayar lo que estaba diciendo en su poema preambular, "Lamento e exortação":

---

1. Sus dos libros anteriores, *Erros Individuais* y *Serém, 24 de Março*, habían sido publicados en 2010 y 2012, respectivamente.

2. Cf. la reseña firmada por Hugo Pinto Santos, "Adeus aos versos", *Público*, Suplemento *Ípsilon*, 31 de julio de 2017.

(...)
Nos resta perder la última ilusión: la de que haya
aún espacio en esta feria popular de la mediocracia
para una escritura que no sea celebración
del estridente carrusel publicitario,
de los económicos autitos chocadores,
de la carpa de tiro donde cazamos patos.
Cuando nos damos cuenta de esto, sabremos
que la Gloriosa Era de la Literatura Occidental
llegó al final derretida (como sugiere su
acrónimo) por el calentamiento de su estupidez
global (…)

(...)
Resta-nos perder a última ilusão: a de que haja
ainda espaço nesta feira popular da mediocracia
para uma escrita que não seja celebração
do estridente carrossel publicitário,
dos económicos carrinhos de choque,
da barraca de tiro em que fazemos de patos.

Quando percebermos também isto, saberemos
que a Gloriosa Era da Literatura Ocidental
chegou ao fim, derretida (como sugere
o seu acrónimo) pelo aquecimento da sandice
global (...)
(SILVA, 2017, pág. 7)

Después de pasar por algunos de los aspectos más pantanosos de la política actual, como la manipulación ejercida a través de asociaciones poco claras entre la política y los medios, *Últimos Poemas* termina con un texto titulado *"Fim"*, que a su vez termina con estos versos: "(...) só podíamos seguir / o planograma do genoma e perecer" (SILVA, 2017, pág. 42). Sería difícil ir más allá al expresar el descrédito del arte literario. Y de una manera muy coherente, el poeta que afirma haber alcanzado el "fin" ha mantenido su intervención política y ambiental en el blog *Achaques e Remoques*, en el que recopila información sobre la próxima catástrofe ecológica que seguimos alimentando tan a la ligera.

Manuel de Freitas, por su parte, también cambia de registro en los libros más recientes y ahora publica solo textos pequeños en prosa, como si, por un criterio algo adorniano, ya no hay espacio para el verso en un mundo como el de José Miguel Silva, en el que, a pesar de todo, continuó escribiendo en versos hasta los *Últimos Poemas*. En un breve libro que recoge sus impresiones como librero presente en la Feria del Libro de Poesía en Campo de Ourique, Manuel de Freitas cita a Andrei Tarkovsky: "La humanidad desaparecerá cuando ya no haya un poeta en la Tierra". Y agrega: "Ya no falta mucho tiempo, Andrei" (FREITAS, 2019). Unas páginas más tarde podemos leer una apreciación aún más disfórica: "Los poetas han estado tratando durante mucho tiempo con uvas mal cosechadas, lo que no está nada mal. Es una pena que tan pocos se den cuenta de esto" (FREITAS, 2019)

Inscritos en la tradición baudelairiana, los poemas en prosa de Manuel de Freitas emergen en respuesta a un mundo condenado por el modelo desarrollista dominante, un mundo que, lo sabemos bien (aunque hacemos tanto para olvidarlo), corre inexorablemente hacia el desastre ecológico a corto plazo. En uno de los libros más recientes, *Shots* (2018), los textos son tan concisos como el título y el tipo de bebida al que alude. Pero no debemos olvidar que los *"shots"* también son disparos; y todavía son instantáneas fotográficas y cinematográficas que pueden plasmar lo que amamos.

En la sociedad de la información y la comunicación, tan ruidosa y prolifera, los breves textos de Manuel de Freitas se presentan como ejercicios de precisión y contención. Desde el silencio de José Miguel Silva, ahora hemos reemplazado el ritmo del verso con el ritmo de la prosa, más fluido y sin forma. Si etimológicamente la palabra "ritmo" se refiere a la idea de fluir o tomar forma, y no al movimiento repetido de las olas del mar, como Benveniste explicó a tiempo (1966, pág. 333), podemos observar en esta inflexión un movimiento rítmico por excelencia en el cual es perceptible una respuesta al contexto histórico, pero como un contraste intempestivo y no como una traducción lineal de una temporalidad.

Aquí está el primer texto de *Shots*, que recuerda a "los pobres perros, sucios y con piojos" que Baudelaire describe fraternalmente en *Le Spleen de Paris*:

SHOTS

Me gustan, sobre todo, los perros casi sin dueño que rozan las esquinas, pisando restos de botellas. O las personas que desconozco, y todas las bebidas que ignoro (porque me matan menos y se llaman, como yo, insomnio, pesadilla y golpe bajo).

Y, sin embargo, recomienzo.

SHOTS

Gosto, sobretudo, dos cães quase sem dono que roçam as esquinas, pisando restos de garrafas. Ou das pessoas que desconheço e das bebidas todas que ignoro (porque me matam menos e se chamam – como eu – *insónia, pesadelo, golpe baixo*).

E, no entanto, recomeço.

(FREITAS, 2018, pág. 7)

Téngase en cuenta que incluso en este caso la construcción adversativa de la oración final, en la que se enmarca el nuevo comienzo, sugiere que el silencio sería la condición natural de quien escribe aquí; y la prosa emerge, así, como un compromiso entre el silencio y el verso. Además, la prosa no es simplemente poesía sin verso, sino algo que no se opone linealmente ni al verso ni a la poesía, como lo ha demostrado Gérard Dessons.[1] Sintomáticamente, el libro está impregnado de referencias a la poesía:

PALABRAS
para Fábio Neves Marcelino
Mídelas despacio; son muchas, pero consiguen decir poco. Y ningún poeta puede estar orgulloso de no haber escrito una palabra de más. Ni siquiera Eugenio o Szymborska, que tenían el tacho de basura siempre al lado.
No te preocupes por el rio; habla de tu sed.

PALAVRAS
para o Fábio Neves Marcelino

---

1. Para Gérard Dessons, el término *prosa* se refiere sobre todo a un uso común del lenguaje, un uso que interesa a la prosa literaria así como a la poesía, y funciona como un límite que apela a la experimentación en el plano verbal: "Si la prosa es lo que es común en el lenguaje – la constitución del sujeto por su lenguaje –, entonces también hay una *prosa de verso*" (DESSONS, 2002, pág. 129).

> Mede-as devagar; são muitas, mas pouco conseguem dizer. E nenhum
> poeta se pode orgulhar de não ter escrito uma palavra a mais. Nem sequer
> Eugénio ou Szymborska, que tinham sempre o caixote de lixo ao lado.
> Não te preocupes com o rio; diz a tua sede.
> (FREITAS, 2018, pág. 12)

En cuanto a Rui Pires Cabral, es significativo que, después de reunir sus libros líricos más convencionales en su extenso volumen *Morada* (2015), prefirió concentrarse en la práctica del poema collage, ya presente en el libro publicado desde 2012, con *Biblioteca dos Rapazes*, una obra en la que Pires Cabral pretendía precisamente "casar poesía con collage" (2012, pág. 5). El poeta siempre ha estado entusiasmado con las citas y el uso de referencias intermediales, a saber, musicales,[1] y de los tres autores mencionados aquí, es el que ha seguido el camino más enmarcado en los procesos creativos que Marjorie Perloff ha incluido en la noción de "genio no original": su obra logra resultados notables en el uso sistemático de procesos de creación de citas y/o conversión de obras existentes. "La *inventio*", señala la ensayista estadounidense, "está dando paso a la apropiación, la restricción elaborada, la composición visual y sonora, y la dependencia de la intertextualidad" (PERLOFF, 2013, pág. 41). Perloff señala los orígenes modernistas de este proceso (cita a Eliot, Pound, Duchamp), y también enfatiza el papel anticipatorio de los concretistas, y de *Oulipo*, entre otros movimientos nacidos en la década de 1960. Aunque resalta la sistemática con la que tales procesos están presentes en la creación literaria y artística actual: "la nacionalidad, con su dialéctica de remoción e injerto, disyunción y conjunción, su interpenetración de origen y destrucción, es central en la poética del siglo XXI" (PERLOFF, 2013, pág. 48).

En la poesía de Rui Pires Cabral, las ficciones ilustradas que este autor había leído en su juventud y otras obras narrativas ahora son tomadas como materia de obra; en otras ocasiones, como en el reciente *Manual do Condutor de Máquinas Sombrias* (2018) , utiliza pruebas tipográficas anónimas sobre las cuales se inserta el texto, a la manera de subtítulos dactilografiados, o impresos y recortados. Esta es otra mirada tardía a la "Época gloriosa de la literatura occidental" a la que se refiere José Miguel

---

1. Sobre este tema, ver Tamy de Macedo Pimenta (2016).

Silva, reciclada aquí en obras genologicamente híbridas, en las que el diálogo intermedial entre poesía y artes visuales se vuelve muy marcado, considerando los poemas construidos con palabras recortadas y reensamblándolas sobre ilustraciones (también seccionadas) de estos libros. Joana Matos Frias, quien analizó en detalle los diversos tipos de poemas de collage que intentó Pires Cabral, resume la singularidad de esta obra de la siguiente manera:

(...) aquello que, en el panorama poético y artístico de la literatura portuguesa, marca la singularidad absoluta de la reciente obra de este Rui-mãos-de-tesoura: en el que el concepto de "poema-collage" nunca se refiere a un objeto solamente porque el proceso del collage conserva su significado más primitivo, que presupone la reunión en un único objeto artístico de elementos heterogéneos de orígenes dispares, en términos propiamente materiales: es decir, como en los collages de Picasso y Braque, pero con implicaciones bastante significativas, los poemas-collage de Rui Pires Cabral se basan en una relación de *combinación medial* donde a veces casi podríamos vislumbrar una especie de reformulación contemporánea del emblema humanista ya revisado por los procesos de subtitulado surrealista, como es bastante obvio en un libro como *Elsewhere/Alhures* o en las últimas publicaciones del autor en su página web bajo el título *Gramática Ilustrada da Língua Portuguesa*. (FRIAS, 2016, pág. 320).

Entre silencios, hibridismos genológicos e hibridismos inter-artísticos, la evolución de las obras de estos tres autores señala los efectos de una perspectiva menos optimista de lo contemporáneo. Si pensamos en los mandatos que determinan la perspectiva moderna y modernista de la poesía, tenemos que reconocer que, por más escépticas o nihilistas que puedan ser las cosmovisiones que les son asociadas, nunca el poder de la poesía y de las artes en la creación de mundos y en el cuestionamiento de cierto estado de las cosas dejará de parecer posible. Podemos recordar el silencio de Rimbaud en Harar, o la crisis de Adorno cuando considera bárbaro el lirismo después de Auschwitz (aunque corregirá esta perspectiva para responder al derecho de gritar en el verso)[1]. Pero lo que parece no haber sucedido nunca es una

---

1. Adorno revisó su condena al lirismo (no genéricamente poesía) cuando, en *Dialéctica negativa*, agregó que la perpetuación del sufrimiento tenía tanto derecho a expresarse como los torturados a gritar, concluyendo que podría haber

afirmación tan desencantada de inutilidad y disolución de la poesía lírica. Al mismo tiempo, la supervivencia de la poesía parece poder pasar por la reelaboración de la relación sonido/imagen, es decir, por un repensar acerca de las ideas del ritmo.

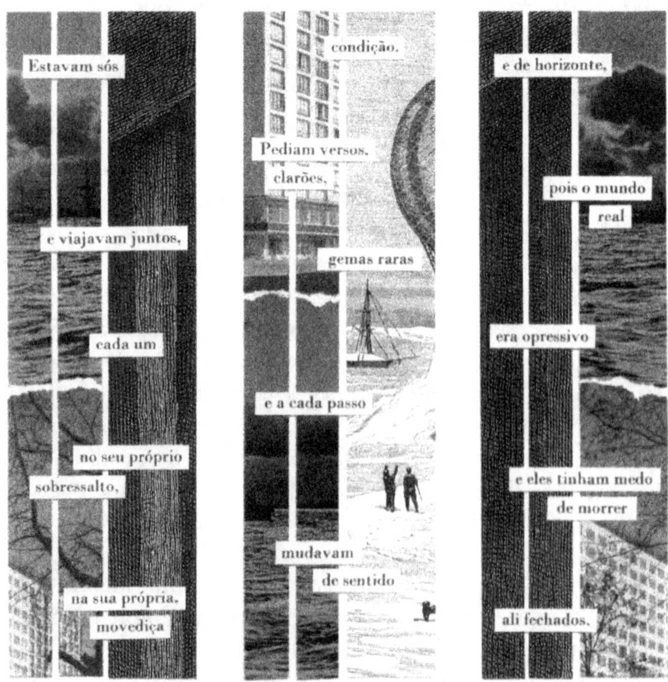

Fig. 1 Rui Pires Cabral, *Biblioteca dos Rapazes*[1]

En el caso de estos autores, como señala Tamy de Macedo Pimenta con relación a *Oh! Lusitânia*, otro título de Rui Pires Cabral (2014), e incluso si los poemas-collage nos llevan a "una atmósfera de incredulidad" (PIMENTA, 2016, pág. 300), "la música todavía parece encontrar caminos entre los muertos para salir del cascarón" (PIMENTA, 2016, pág. 301), especialmente,

sido incorrecto decir que después de Auschwitz no sería posible escribir poemas (Cf. ADORNO, 1992, págs. 362-363).

1. Por condiciones de producción de este libro, las imágenes de los libros de Rui Pires Cabral son reproducidas en blanco y negro. (Nota de los eds.)

porque siempre ha sido un tema en las obras de los tres poetas. Muchos de sus poemas, si no libros anteriores, pueden entenderse como transposiciones de climas musicales. Veamos entonces cómo estas poéticas nos llevan a repensar la relación entre sonido y sentido, y las ideas de ritmo asociadas a estos.

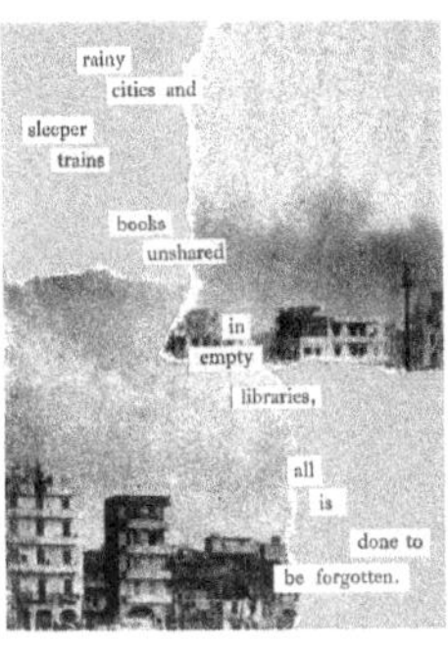

Fig. 2 Dos páginas de *Oh! Lusitania* (2014)

¿Otros ritmos?

Siendo difícil, si no imposible, concebir una idea de poesía en la que el sonido y la imagen no estuvieran involucrados, la hipótesis que me gustaría plantear es que estamos observando, en el contexto descrito anteriormente, la aparición de otras formas de equiparar la relación imagen/sonido en la poesía. Desde el momento en que se siente la devaluación de la función heurística de la poesía, la condición verbal de la relación imagen/sonido se enfatiza menos (lo que no significa que esté ausente) para dar paso a una formulación intermedial de esta articulación.

De hecho, parece que cuando la poesía se describe a un nivel tan alto como el de entenderse a sí misma como un real verdaderamente absoluto (Novalis), o como un lenguaje capaz de salvar la discrepancia entre el sonido y el sentido que surge de la arbitrariedad de las lenguas (Mallarmé), o incluso como un encuentro con el ritmo del universo (Herberto Helder), en resumen, cuando la poesía se presenta en su versión ontológica más fuerte, el sonido y la imagen se consideran intrínsecamente sus propiedades, y interrelacionadas. Cuando se ve desde esta perspectiva (consideremos el romanticismo alemán, y las artes poéticas emergentes con la modernidad estético-literaria), la poesía se ve en sí misma como capaz de la articulación más perfecta entre sonido y sentido. En 1912, Fernando Pessoa definió la poesía moderna por su capacidad de "pensar y sentir imágenes" y caracterizó al poeta moderno (el poeta del sueño) como "un ser visual extraño": extraño porque es alguien que sueña no solo visualmente sino también auditivamente (MARTELO, 2017, pág. 65). Pessoa estaría totalmente en desacuerdo con Pascal Quignard cuando argumenta que "(el) oído es el único sentido en el que el ojo no ve" (QUIGNARD, 1997, pág. 112), porque, desde una perspectiva pessoana, la poesía es precisamente el trabajo del oído que ve, o del ojo que escucha.

Es la conjugación entre imagen y sonido lo que se considera capaz de homologarse con el ritmo del universo, como argumentan algunos de los poetas más relevantes de la modernidad. Para los herederos de esta tradición, el flujo rítmico de la poesía comparte el ritmo universal, reuniendo cualidades de todas las artes: este es el argumento que utiliza Fernando Pessoa para afirmar que la literatura (entiéndase la poesía) puede prescindir de todas las demás artes, ya que implica imagen, forma, arquitectura, música ... y esto a la vez que proporciona la más completa libertad visual y auditiva.[1]

La relación intrínseca de la poesía con los ritmos del universo fue formulada de manera particularmente precisa por Sophia de Mello Breyner Andresen, quien describió al poeta como "un escuchador" para quien los poemas son "el nombre de este mundo dicho por él mismo" (ANDRESEN, 2010, pág. 844 y 848). Desde esta perspectiva, Sophia describe la poesía como un ejercicio exacerbado de atención, con la intención de escuchar este ritmo sustancial (escuchar "el poema inmanente", como ella

---

1. "Solo la música y la literatura permanecen. La literatura es la forma intelectual de dispensar todos los demás artes. Un poema, que es un cuadro musical de ideas, nos da la libertad, a través de la comprensión que tenemos por él, de ver y oír lo que queremos (...)" (PESSOA, 2000, pág. 84) – cursivas mías.

misma dice), destinado a capturar su fluidez y a poder fijar ese flujo como forma, espesura material, escritura.

Por su parte, Herberto Helder, no se alejó mucho de esta comprensión, aunque le confiere mucha más visceralidad. Incluso podríamos ver la poética helderiana como un proceso intensivo que emergería del cuerpo, materializado en la voz, en la vibración de las cuerdas vocales, un ritmo, una medida libre expresada en el verso libre, una vibración de la materia general, un acuerdo entre imagen y sonido, captado en la experiencia singular de un cuerpo cuya potencia sensitiva se exacerba.[1] A esto Herberto Helder lo llama de "estilo", una experiencia basada en un principio constructivo que podríamos incluir bajo una formulación del pintor checo, Frantisek Kupka, sobre el ritmo en las artes plásticas, que considera "el acontecimiento de la materia vivificada" (1989, pág. 197):

Para que una obra tenga ritmo, sus más ínfimos elementos deben coincidir en este sentido, deben ser dirigidos y suscitados entre sí, deben responderse entre sí. El ritmo radica en los regresos periódicos de analogías en la simetría de líneas y límites. (KUPKA, 1989, pág. 196)

Todavía es en esta perspectiva que Kupka defiende:

Cuanto más ritmo haya en una obra plástica, más se asimilará a la música cuyos sonidos combinados no son más que los distintos índices y colores variados de duraciones imprevistas distribuidas en el tiempo. (KUPKA, 1989, pág. 196)

Creo que el sentido del ritmo de una poesía que asume la misma potencia creadora de mundos corresponde a este tipo de descripción: sonido e imagen encontrarían su máximo exponente en el agenciamiento rítmico (fónico e imagético, articuladamente) logrado en el texto mismo. También es un artista visual, Claudio Parmiggiani, quien afirma: "La poesía es la otra cara de la pintura, es la voz de la imagen" (2003, pág. 33). Ser la voz de la imagen es algo que la poesía siempre intenta experimentar: "instante vocal", "imagen pronunciada", son expresiones utilizadas

---

1. Recordemos nuevamente a Pascal Quignard: "Escuchar es ser tocado desde la distancia. El ritmo está vinculado a la vibración. De ahí que la música involuntariamente haga íntimos a los cuerpos cercanos" (1997, pág. 108).

por Herberto Helder para referirse al trabajo verbal de la poesía (1979, pág. 156).

En el caso de la poesía portuguesa, pero no solo, ya que comparte una inflexión transversal de los años setenta, podemos ver que las relaciones intermediales con las artes plásticas y la música se vuelven más fuertes y sistemáticas a medida que se desarrolla este tipo de poética, dando lugar a una perspectiva menos eufórica sobre el papel de la poesía, y que se banaliza como algo que el lector puede producir. En este punto, Alfonso Berardinelli tiene razón cuando recuerda la publicación de la antología *Il Pubblico della Poesia* (1975):

El título (...) aludía al hecho de que los poetas se estaban volviendo tan numerosos que la única audiencia de poesía era un público de poetas reales o potenciales: ya no había una audiencia distinta, solo un público de poetas estaba dispuesto a interesarse en la poesía, y esta audiencia se expandió más y más (...). Desde el punto de vista estilístico, se tenía la impresión de que eran autores poco cultos, sin un gran dominio formal, pero que, al contrario de lo que le había sucedido a la poesía neo-vanguardista (que hacía parecer, según su doctrina, que solo era posible escribir en cierta dirección), inmediatamente tuvieron una sensación de gran libertad. (...) Estos autores no tenían una poética, no eran poetas muy intelectuales, carecían del sentido histórico: extrañamente, la indigestión de la ideología, el marxismo y la política de años anteriores había anulado, por así decirlo, la capacidad de elaboración, teórica, por estos autores [*Íbidem*]. Por lo tanto, carecían de su propia poética, de una idea particular de lo que debería ser la poesía (BERARDINELLI, 2018).

Sin menospreciar a los grandes poetas emergentes de este período, pienso en nombres como Manuel António Pina o António Franco Alexandre, en el caso portugués, subrayaría el efecto trivial inherente en el retrato de Berardinelli. Se podría decir que el debilitamiento de la poética moderna ha llevado a una devaluación del papel de la poesía, a pesar de que la poesía se vuelve más presente, si es que no se volvió más presente, precisamente, debido a esta devaluación.

Es en este contexto que la presencia de la imagen verbal tiende a desvanecerse en los textos poéticos, especialmente porque estaba muy asociada con la metáfora. Al devaluarse la función heurística asociada a la naturaleza intrínseca de la relación imagen/sonido en el lenguaje poético (el concepto mismo del lenguaje poético se descompone en el postestructuralismo), esta brecha tiende a ser cubierta por los diálogos intermediales entre la poesía y las artes, y entre la poesía y la música, y también a través del hibridismo genológico y artístico. Ya sea en la versión autonómica (que en valoraciones menores nunca deja de estar presente) o en la versión intermedial, a la poesía no le parece posible prescindir de las articulaciones de la palabra con la imagen y el sonido.

El creciente protagonismo de la intertextualidad y de la intermedialidad parece responder a la desvalorización del modelo heurístico de la poesía de tradición moderna, basado en la exploración de las relaciones entre una banda de imagen y una banda sonora, de acuerdo con la ecuación fundacional que le debemos a Rimbaud, según la cual el poeta sería alguien capaz de ver y escuchar su propio pensamiento, es decir, alguien capaz de pensar por asociación de imágenes y sonidos, manteniéndose aún estrictamente en un plano verbal. Y eso es una variante del "como si" de que habla Deguy. Imágenes como sonidos, sonidos como imágenes, y el pensamiento organizándose entre unas y otras.

Lo que vemos ahora es que este tipo de relación se ha desarrollado mucho en el plano interartístico o intermedial, y la imagen puede emerger como una imagen visual estricta, tomada como un objeto de referencia intermedial (por écfrasis, por ejemplo), o como un elemento para integrarse en una relación del tipo imagen-texto.[1] Y lo mismo se verifica con las referencias intermediales de tenor musical. Además, la exploración de la poesía ecfrástica y las relaciones intermediales de la poesía en Portugal se debieron en gran parte a la publicación por parte de Jorge de Sena de los libros *Metamorfoses* (1963) y *Arte da Música* (1968), los primeros que se construyeron sobre relaciones ecfrásticas con obras plásticas, que la mayoría de las veces fueron vistas en museos, y el segundo, organizado a partir de referencias intermediales a algunas de las mejores obras de la música occidental.

---

1. W.J.T. Mitchell registra gráficamente tres formas de relación entre texto e imagen: "El signo tipográfico 'barra oblicua' se utilizará para designar la relación 'imagen/texto' como una grieta, escisión o ruptura problemática en la representación. El término 'imagentexto' significa obras compuestas sintéticas (o conceptos) que combinan imagen y texto. 'Imagen-texto', con guion, designa articulaciones de lo visual con lo verbal (...)" (1995, pág. 89).

Sintomáticamente, los tres poetas referidos aquí, todos trabajaron varias formas de referencia intermedial a la música. Manuel de Freitas y José Miguel Silva publicaron conjuntamente el libro *Walkmen* (2008) y Freitas también publicó *Jukebox* (2005), *Jukebox 1 & 2* (2009) y *Jukebox 3* (2012). En la mayoría de los textos de estos libros, podemos identificar una referencia musical precisa, que es una especie de banda sonora para cada poema. Especialmente en las obras de Manuel de Freitas y Rui Pires Cabral, la música juega un papel determinante.

En consecuencia, tal vez sea posible concluir que la poesía sigue siendo un arte de imagen, de la relación entre sonido e imagen, es decir, sigue siendo fiel a los elementos de su propio ritmo; aunque esta relación ha sido reelaborada en el contexto de una cultura audiovisual en la cual la presencia conjunta de texto e imagen, banda sonora y banda de imágenes, es constante y produce un fuerte impacto en un arte que siempre desdobla la palabras como un flujo de imágenes y sonidos.

Bibliografía

ADORNO, T. (1992). *Dialéctica Negativa [1ª ed. 1966], trad. José María Ripalda rev. por Jesús Aguirre.* Madrid: Taurus.

AMARAL, A. L. (2018). *Arder a palavra e outros incêndios.* Lisboa: Relógio D'Água.

ANDRESEN, S. M. B. (2010). *Obra Poética. Carlos Mendes de Sousa (ed.).* Lisboa: Caminho.

BENVENISTE, É. (1966). La notion de "rythme" dans son expression linguistique. En É. BENVENISTE, *Problèmes de Linguistique Générale I.* Paris: Gallimard.

BERARDINELLI, A. (2018). *"Poesia e crítica na grande confusão contemporânea", entrevista por Pablo Anadón.* Obtenido de Sibila – Revista de Poesia e Crítica Literária, ano 18: http://sibila.com.br/critica/poesia-e-critica-na-grande-confusao-contemporanea/13299

CABRAL, R. P. (2012). *Biblioteca dos Rapazes.* Lisboa: Pianola.

CABRAL, R. P. (2014). *Oh! Lusitania.* Lisboa: Paralelo W.

CABRAL, R. P. (2015). *Morada.* Lisboa: Assírio & Alvim.

CABRAL, R. P. (2018). *Manual do Condutor de Máquinas Sombrias.* Lisboa: Averno.

DEGUY, M. (2014). *História, poesia, ritmo?*, Remate de Males, n° 34.1, Jan./Jun. DOI. Recuperado el 11 de 06 de 2019, de: https://doi.org/10.20396/remate.v34i1.8635829

DESSONS, G. (2002). Le négatif de la prose. En J. N. ILLOUZ e J. Neefs, *Crise de Prose*. Saint-Denis: Presses Universitaires de Vincennes.

FREITAS, M. d. (2018). *Shots*. Lisboa: Paralelo W.

FREITAS, M. d. (2019). *Jardim da Parada*, Ilustraciones de Luís Henriques. Lisboa: Paralelo W.

FRIAS, J. M. (2016). *Para uma poética dos espaços em branco: os poemas-colagem de Rui Pires Cabral*, eLyra, Revista Da Rede Internacional Lyracompoetics, n° 7, Jun. Recuperado el 11 de 06 de 2019, de: http://dx.doi.org/10.21747/21828954/ely7a16

HELDER, H. (1979). *Photomaton & Vox*. Lisboa: Assírio & Alvim.

KUPKA, F. (1989). *La Création dans les arts plastiques*. Paris: Editions Cercle d'Art e Karl Flinker.

MARTELO, R. M. (2017). *O Cinema da Poesia*, 2ª ed. aumentada. Lisboa: Documenta.

MESCHONNIC, H. (1982). *Critique du rythme*. Lagrasse: Verdier.

MITCHELL, W. (1995). *Picture Theory*. Chicago: The University of Chicago Press.

PARMIGIANNI, C. (2003). *Sangue, Spirito [1ª ed. 1995], ed. bilingue com trad. de Anne e Michel Bresson-Lucas*. Arles: Actes Sud.

PERLOFF, M. (2013). *O Génio não original – Poesia por outros meios no novo século [1ª ed. 2010], trad. de Adriano Scandolara*. Belo Horizonte: Editora UFMG.

PESSOA, F. (2000). *Heróstrato e a Busca da Imortalidade*. Lisboa: Assírio & Alvim.

PIMENTA, T. M. (2016). *O nomadismo poético nos poemas-colagens de Rui Pires Cabral*, eLyra, Revista Da Rede Internacional Lyracompoetics, n° 7, Jun. Recuperado el 11 de 06 de 2019, de: http://www.elyra.org/index.php/elyra/article/view/125

QUIGNARD, P. (1997). *La Haine de la Musique*. Paris: Folio.

RIMBAUD, A. (1999). Lettre à Paul Demeny du 15 mai 1871. En P. Brunel (org), *Rimbaud Œuvres complètes*. S.L.: LGF.

SILVA, J. M. (2017). *Últimos Poemas*. Lisboa: Averno.

SISCAR, M. y E. STERZI (2014). *Apresentação*, Remate de Males, n° 34.1, Jan./Jun. 2014. Recuperado el 11 de 06 de 2019, de https://periodicos.sbu.unicamp.br/ojs/index.php/remate/article/view/8635828/3537

El ritmo en el nuevo teatro y en el teatro-danza

Paulo Filipe Monteiro[1]

Hans-Thies Lehmann (2002) creó la expresión "teatro posdramático" para hablar de las nuevas corrientes que, a partir de los años 70, y sin aún llegar a ser dominantes, van transformando las propuestas escénicas.

Veamos telegráficamente algunas de esas características que más interesan en el ámbito de estas jornadas sobre ritmo:

– abandono de los modelos de totalidad y solidaridad social, que según Turner y Schechner servían de base al modelo dramático de ruptura, crisis y reconciliación;

– abandono de las grandes narrativas, de las macroestructuras, de la coherencia y sobre todo de la organización teleológica de un principio y de un fin, de una totalidad;

– el teatro posdramático destrozó, o incluso abandonó, la idea del teatro como representación de un cosmos ficticio, cuyo cierre era fundamental para el drama (incluso en el teatro épico de Brecht o en el teatro del absurdo): se atenúan (o relegan para el segundo plano) los principios de narración y de figuración, así como el orden de una fábula y los personajes;

– "los discursos de la escena se acercan más a la estructura de los sueños y parecen relatar el mundo soñado de sus creadores. En el sueño predomina la no jerarquía entre las imágenes, los movimientos y las palabras. (...) En la hermenéutica psicoanalí-

1. Dramaturgo, guionista, director de teatro y de cine, actor. Enseña teatro, cine y ficción en la Facultad de Ciencias Sociales y Humanas da Universidade Nova de Lisboa, Portugal, donde es profesor.

Este texto fue presentado en la *IV JIRA Jornadas Internacionales Ritmo en las Artes: Ritmo, Poética y Espacio*. Universidad Nacional de las Artes (UNA) – Departamento de Artes Dramáticas, desarrolladas en el Centro Cultural General San Martín, septiembre de 2018, Buenos Aires, Argentina, con el apoyo de Camões-Instituto da Cooperação e da Língua, I.P y Embajada de Portugal en Argentina. Agradezco a Silvia Pritz por la revisión de mi versión en castellano. (N. del A.)

tica, se habla de 'tensión igualmente flotante'" (LEHMANN, 2002, pág. 131), denominación heredada de Freud. Herbert Blau (1992, pág. 53 y 153) también habla de "aprehensión flotante", de sueño despierto, de la "estética sonámbula", sobre todo en relación a los espectáculos de Bob Wilson.

¿Como se organizan entonces los espectáculos posdramáticos, con su "sentido en suspensión" (LEHMANN, 2002, págs. 11-12), "en potencia"? Se organizan en presencias, situaciones, atmósferas, eventos, acontecimientos, excepciones, catástrofes, instantes de desvío, y por lo tanto ritmos. Lehmann recupera también el término "estados", que presentan un conjunto más que una historia (como en la pintura, y muchos de los artistas del teatro posdramático provienen de las artes plásticas). Pero aquí nos interesa más subrayar el componente musical que necesariamente tiene que existir cuando se pasa de una dinámica dramática a una dinámica escénica. No por casualidad Jean-Pierre Sarrazac (2012) habla de estructuras "rapsódicas" en el nuevo teatro.

"La des-jerarquización de los procedimientos teatrales representa un principio continuo e inherente al teatro posdramático" (ya anticipada por los textos teatrales de Gertrud Stein). Y "géneros diferenciados se encuentran ligados en una representación (danza, texto narrativo, circo, performance...); todos los medios se utilizan y con una misma importancia" (LEHMANN, 2002, págs. 135-6). Todo esto implica un papel decisivo del *collage* y del montaje, como en el cine, el expresionismo y el surrealismo (cuya herencia fue por esa vía más duradera que el futurismo o el movimiento dada). De ahí que, en el ensayo dedicado a los métodos de montaje, Eisenstein (1985, págs. 59-70) "insista tanto en la analogía del cine con la música, ya que la música es una de las raras prácticas artísticas no legitimada por la representación de lo real, capaz de desencadenar fuertes estados emocionales a partir de su materia pura" (GEADA, 1985, págs. 9-14) y de su montaje.

Pero no es sólo en el montaje que las cuestiones rítmicas se van a revelar decisivas. Es, en primer lugar, en el rechazo de un tiempo que mimetice o reproduzca el tiempo cotidiano. En los espectáculos posdramáticos, "la desaparición de un tiempo homogéneo retira a la experiencia desligada en todos los sentidos la posibilidad de una autoconfianza" (LEHMANN, 2002, págs. 216-217, 256-257). "La desintegración del tiempo como continuum se revela como el signo de la disolución o, al menos, de la subversión del sujeto que posee la certeza de su propio tiempo", porque ya no puede orientar o ligar experiencias radicalmente discontinuas (LEHMANN, 2002, pág. 251). Algunas formas del teatro posdramático tienden a cambiar el desarrollo psicológico de acciones y personajes por ritmos de percepción acelerados, por la velocidad de la estética pop y de los medios, resultando en espectáculos de menos de una hora; otras formas trabajan el ralentí, la inmovilización y la repetición – formas de ganar una conciencia del tiempo que no tenemos en los ritmos cotidianos.

La cuestión rítmica se vuelve también decisiva cuando el trabajo del propio actor comienza a ser visto en términos de presencia y energía. Eugenio Barba (1994, pág. 97) piensa la escena a partir de la noción de alma como vibración y movimiento, simultáneamente interior y exterior. "Antes de ser pensada como sustancia esencialmente espiritual, platónica y cristiana", la palabra anima "indicaba un viento, un flujo continuo que animaba el movimiento y la vida del animal y del ser humano. En muchas culturas el cuerpo es comparado a un instrumento de percusión: la anima es golpe, vibración, ritmo. Bocaccio decía, comentando a Dante y recapitulando la actitud de una cultura milenaria, que en cuanto anima, el viento vivo e íntimo, tiende hacia algo exterior, se transforma en Animus".

Claro que esa apetencia musical y rítmica existió siempre. Aristóteles recuerda, en la *Política* (VIII), que, cito: "parece haber en nosotros una especie de afinidad con los modos y ritmos musicales, que hace a algunos filósofos decir que el alma es un afinar, a otros que posee la afinación". En la poética aristotélica, recuerda Louis Marin (1994, págs. 171 y 173-174) la propia narración tiene un doble efecto de placer: un placer cognitivo perteneciente al *récit*, al narrado, a la dominación del tiempo y de la muerte, y un placer ligado a la narración propiamente dicha, como instancia de enunciación, al dominio del lenguaje en el acto de la creación. Ahora bien, lo que sucedió ya con los modernistas, y más aún con los posmodernistas, fue un retraimiento de la dimensión cognitiva a favor de la imagen y la música – como George Steiner (1971, págs. 87-89) no se ha cansado de lamentar. "De la musique, avant toute chose", cantaba Verlaine. En poema contra Eliot, el modernista Wallace Stevens hablaba de las "creaciones del sonido" (título mismo del poema). Y Fernando Pessoa, en versión Bernardo Soares, buscaba "una construcción de mí mismo en música y gradaciones": "Dios es una cuestión de ritmo" (GIL, 2016, pág. 15).

Décadas después, con el posmodernismo, esto es pensado así, por Eduardo Prado Coelho (1994, pág. 23), a partir de Françoise Proust: "¿no será la música el verdadero principio estructurador del tiempo, y no la narrativa y los hilos de sus intrigas, como piensa Ricœur? O bien (...): ¿habrá personas cuyo tiempo se hace de narrativas y personas cuyo tiempo se hace de música? ¿Estaremos pasando de un tiempo-narrativa para un tiempo-música? ¿Estaremos pasando de un tiempo-narrativa a un tiempo-azar? ¿Tendrá razón un Paul Auster cuando habla en la 'música del azar'?"

Música y azar están ligados, como vamos a ver en el caso de las artes escénicas. "Las concepciones científicas de un universo ritmado alternadamente por las expansiones y contracciones de la teoría del caos y del juego contribuyeron a desdramatizar la realidad" (LEHMANN, 2002, pág. 286). Marianne van Kerkhoven "establece una relación entre los nuevos lenguajes teatrales y la teoría del caos, que pretende que la realidad consiste más en sistemas inestables que en circuitos herméticos" (LEHMANN, 2002, pág. 130). Herbert Blau (1992, págs. 52-53) relaciona las teorías de la indeterminación y las transformaciones en la performance: "Cuando (...) los principios de indeterminación comenzaron a absorber la imaginación científica, transportando una visión del universo material que ya no cumplía con las expectativas de causa y efecto empíricos, las posibilidades y estrategias de la performance se alteraron para que coincidieran con ellos. En cierto sentido, esto se ha convertido en un nuevo realismo. (...) La indeterminación se ha convertido al mismo tiempo en realidad y en método."

En el límite, esta estructuración por la música puede llevar a espectáculos como *The show must go on*, de Jérome Bel (2001), donde, entre el público y el escenario, está bien presente un dj que va poniendo las sucesivas músicas que los performers buscan acompañar.

La escena de Pina Bausch

Me gustaría aplicar esta teoría a un estudio de caso. Escogí hablar de la danza-teatro de Pina Bausch. La admiro muchísimo y tuve el raro privilegio de ser invitado por ella en el 2000 para seguir su trabajo en Alemania. Por eso conozco de cerca su proceso.

Un elemento constante del trabajo de Pina Bausch es la simultaneidad, la parataxis: cuando un grupo está en una determinada atmósfera, hay casi siempre un elemento (o varios) que están en otra, y esa diferencia potencia enormemente la atmósfera dominante. Para usar la imagen de Deleuze y Guattari, es como la selva tropical, que asegura dentro de sí misma sus contrapuntos: "los motivos territoriales forman rostros o personajes rítmicos, y los contrapuntos territoriales paisajes melódicos" (1980, pág. 391).

Pina Bausch, en ese aspecto próxima de Laban[1], solía decir que no hacía sus trabajos desde el principio hacia el fin sino desde el interior hacia el exterior. Esta frase tiene varias implicaciones, y algunas complicaciones.

Pina Bausch partía del interior en el sentido en que todo el trabajo se basaba en las propuestas que los bailarines hacían, como respuesta a sus preguntas y provocaciones. Era una de las líneas que Lehmann subrayaba: la narración se desvanece, pero no desaparece, puede pasar a ser "la transmisión de una experiencia personal" de los performers (LEHMANN, 2002, pág. 173). En el Tanztheater, había un compromiso personal fortísimo, porque el material surgía de las historias de vida, de la imaginación y de los cuerpos de los propios performers, "intérpretes" de sí mismos. De la *anima* para el *animus*.[2]

Pero atención: los movimientos que resultan de esa vida interna no son necesariamente la traducción psicológica del estado interior. Es más complejo que eso, menos expresionista. Para empezar, Bausch recoge las lecciones que vienen de Stanislavski y de sus discípulos como Michael Tcheckóv: el tiempo interior, en que la vida interna se mueve, es diferente del tiempo

---

1. "Von Labán dice que el movimiento se baila cuando la 'acción externa' está subordinada al sentimiento interno" (GIL, 2016, pág. 14).

2. Inversión de Freud por autores como Meltzer y Bion: en lugar de considerar que, en el inconsciente, por ejemplo, en el sueño, solo trabajamos las experiencias de la vida de vigilia, reconocemos vida propia al mundo interior, como un núcleo lleno del sentido de la experiencia que requiere la transformación en forma simbólica para ser pensado y entendido, permitiendo que el espíritu crezca y se desarrolle. Cf. Paulo Filipe Monteiro (1986, pág. 71).

exterior, de las acciones físicas. Sólo en los psicóticos hay unicidad de su tiempo-ritmo, sin contradicción. "Las personas consideradas psíquicamente normales viven en permanente conflicto entre la percepción de la realidad objetiva y la representación (interpretación) de esa realidad. De ahí la permanente divergencia entre la acción interior ('Monólogo interior') y la acción física (palabras y movimientos)" (KUSNET, 1992, pág. 91). Por ejemplo, una vendedora de feria al sol en día de mucho calor siente somnolencia, debilidad, apatía, pero tiene que gritar alto y alegremente. Rigoletto, humillado, en pánico, no puede dejar de cantar: Trala-lara-lara-lara-lara-lara

Además, los movimientos generados por la vida interna sufren después un triple trabajo: 1) de confrontación; 2) de descontextualización y 3) de montaje. Confrontación, porque las improvisaciones son íntimas, pero ante todos y todos las hacen. "Proliferación paradójica de las singularidades – porque se trata de cualquier cosa que vale para todos los bailarines. Lejos de abolir la singularidad, el sentimiento de grupo no hace sino acentuarla." (GIL, 2001, pág. 222). En el referido espectáculo de Jérome Bel sólo sentíamos eso en una escena final, en la que cada uno estaba escuchando su propia música y la bailaba.

Continuando con Pina Bausch, decíamos: confrontación; descontextualización, porque los personajes son constantemente "descontextualizados, por referencia a la situación normal correspondiente a su acción (GIL, 2001, pág. 226) lo que hace a las escenas insólitas e inquietantes. La propia música es a menudo descontextualizada: de una obra o autor conocido puede aparecer una parte que no reconocemos. Y descontextualizadora, porque muchas veces los movimientos no corresponden a los contextos que conocemos o adivinamos de la música.

Y luego viene el montaje: a partir de las propuestas de sus performers, Pina Bausch seleccionaba pequeños fragmentos. Escuché a varios bailarines desahogarse conmigo: "propuse un suelo tan bueno y Pina sólo aprovechó una cosa de nada". Sí, pero juntando esa cosa de nada a otras cosas de nada se producían resultados aún más extraordinarios que las propuestas iniciales. Es decir, una de las genialidades de Pina Bausch era el proceso de montaje, algo que hacía sola, de un modo muy misterioso. Propongo que intentemos mirar ese misterio.

Me parece que Pina trabajaba en las piezas del modo aparentemente opuesto al método que pedía a sus bailarines: ella, es cierto, no construía de modo teleológico, con principio, medio y fin, pero parecía montar desde el exterior hacia el interior, de los materiales que iban surgiendo para una razón profunda de ella usarlos, de modo que "las primeras imágenes producidas por las respuestas se desarrollen en una vasta red de relaciones y de gestos que 'adquieren progresivamente una lógica interior'." (GIL, 2001, pág. 217) "Cuando Pina Bausch asocia tal frase a imágenes – o aún, cuando extrae algunas asociaciones del conjunto de las que sus bailarines hacen –, está atenta al movimiento de conexión de las imágenes, o de las imágenes y de los gestos. Es así como se forman ramificaciones que construirán poco a poco el nexo de la obra." (GIL, 2001, págs. 219-219), de un modo rizomático.

Pina detestaba lo obvio. Más que eso, le gustaba lo que no tenía nombre ni se sabía lo que era. De las primeras cosas que me dijo cuando llegué a Wuppertal fue: "nunca me digas que una cosa está bonita, si no ya no la puedo usar." Lo fui percibiendo. Trabajaba en los antípodas de los actuales procesos en que muchos parten de una agenda con dos o tres temas (como las cuestiones de género, la ecología, el poscolonialismo), después desarrollan un concepto, bien teorizado en un título y una sinopsis, y finalmente lo aplican en una obra más o menos ejemplificativa. No tenemos tiempo para desarrollarlo, pero el gran filósofo portugués José Gil explica muy bien cómo, al revés, "Pina Bausch trabaja en el nivel del impensable del pensamiento y del inactuable del acto" (GIL, 2001, pág. 223).

Este método materialista de partir de los materiales para ver dónde se llega es lo opuesto tanto del arte ideológico que hoy se hace mucho (partir de una cuestión supuestamente política e ilustrarla con la obra) o de otros creadores, como el cineasta Ingmar Bergman (1974, págs. xiii-xxii), que decía: "una película para mí comienza con algo muy vago – (...) un estado de espíritu. (...) Viene entonces una fase muy complicada y difícil: la transformación de los ritmos, humores, atmósferas, tensiones, secuencias, tonos y olores en palabras y frases, en un guión que se perciba." Bergman confiesa: "deseé muchas veces disponer de un tipo de notación que me permitiría poner en el papel todas las sombras y tonos de mi visión, registrar distinguidamente la estructura interna de una película" – una partitura como la de los músicos.

En Pina Bausch, los estados de espíritu, las atmósferas, los ritmos, no eran previos, iban emergiendo hasta el estreno, sin miedo del azar, de la indeterminación, del caos. Tenía enorme dificultad en dar títulos a sus obras, que eran anunciadas como "nuevas piezas de Pina Bausch" y solo tres días antes del estreno, ganaban el título. Ella describe en una frase su proceso: "Parece muy caótico, pero de algún modo tiene sentido."[1] Ese sentido era también él sin descripción posible, sin nombre. He visto como los bailarines, aun cuando la pieza partía de sus improvisaciones, en el estreno actuaban sin saber bien lo que estaban haciendo, y sólo a lo largo de las presentaciones iban percibiendo cómo la obra "de algún modo tenía sentido".

Pero ¿cómo operaba ella? Creando una máquina rítmica con los movimientos, las palabras, los gritos, las explosiones y sus agotamientos. Un elemento crucial era el choque, y con eso no me refiero sólo a la alternancia de tiempos fuertes y débiles que constituye el ritmo en la música, en la fisiología, en el corazón, en los astros, en las amebas, en la física, en las artes plásticas, en la poesía. Me refiero a algo que Gianni Vattimo (1990, págs. 21 y 71-72), recuperando los conceptos de *Stoss* en Heidegger y de *Chock* en Benjamin, dice captar los rasgos esenciales del nuevo ser (*Wesen*) del arte en la sociedad de la industrialización tardía. Y que Lehmann (2002, pág. 232) dice ser "un motivo fundamental de la teoría del arte y del teatro (posdramático): la idea del choque (Benjamin), a medio camino entre una categoría psicológica y estética; de lo que es 'súbito' (Bohrer), del 'ser-asaltado' (Adorno), del susto que 'es necesario para el reconocimiento' (Brecht), de la idea que el pavor es 'la primera aparición del nuevo' (Heiner Müller), de la amenaza que 'nada se produzca' (Lyotard)". Los bailarines tenían mucho miedo de que nada se produjera; Pina no. Volvemos a Eisenstein, para quien "el montaje es una voluntad inquebrantable de controlar el pensamiento del espectador a través de choques emocionales que no se prendan sólo con el nivel temático del drama, del real representado,

---

1. "It looks very cahotic but somehow [it] makes sense." Pina lo dice a los 12 minutos de la película de Lee Yanor, *Coffee with Pina: a film with the choreographer Pina Bausch.*

sino que dependen radicalmente de la formalización abstracta de una hipotética cine lengua." (GEADA, 1985, pág. 48)

En Pina Bausch, el choque existe, "la violencia irrumpe siempre y deja su rastro, aunque el régimen de las fuerzas cambie repentinamente. Los bruscos cambios, que son otros tantos devenires, vacilan entre la catástrofe y el juego infantil." (GIL, 2001, pág. 227). Pero el proceso más común en Pina es el del *fading*, de la disolución de una escena cuando se siente que se va a agotar, del vaciamiento de un tema o de un estado o de una atmósfera que va a ceder lugar a otra, a veces ya embrionaria en la anterior, otras veces por yuxtaposición o parataxis, dentro de la tal "atención flotante", cerca del sueño.

La película de Pina Bausch

Para finalizar: se sabe que la música era muy impactante en los espectáculos de Pina Bausch. Pero ella creaba los movimientos sin música: después tenía dos personas, Andreas y Thomas, que buscaban exhaustivamente canciones de todo el mundo para encajar en las escenas. Yo asistí a una escena que tenía una canción de Amália Rodrigues que fue cambiada, pocos días antes del estreno, por una canción de Billie Holiday. Es decir, la bailarina no podía estar agarrada a la música y al ritmo de ella y a su humor, ni para los movimientos exteriores, ni, como a menudo sucede en los escenarios, para apoyar su tiempo-ritmo interior.

Este método de no partir de la música es diferente de lo que casi todos los coreógrafos hacen (y de lo que la propia Pina hacía en sus primeros espectáculos): no aprovecha el movimiento que la propia música induce, parte del cuerpo, que después va a recibir música, no va del germen al soma, sino que va del soma al germen, para usar los términos de Deleuze y Guattari[1]. La música es puesta después del movimiento para ayudar a crear las atmósferas; cómo el trabajo se basa en paradojas, ese empalme es a menudo paradójico.

1. El pintor va del soma al germen, a partir del cuerpo de luz y color que produce, "mientras que al reves el músico tiene una especie de continuidad germinal, incluso latente, incluso indirecta, a partir de la cual produce sus cuerpos sonoros": "Va del germen al soma." (DELEUZE & GUATTARI, 1980, págs. 430-431).

Y, como se ve sobre todo en su película de 1990 *El Lamento de la Emperatriz*, la música sirve aún la consolidación. Eugène Dupréel propuso en 1939 una "teoría de la consolidación", que Bachelard y Deleuze retomaron. Para él, "la vida no va de un centro a una exterioridad, sino de un exterior a un interior, o mejor, de un conjunto *flou* o discreto a su consolidación". Esto implica"que no haya un comienzo de donde derivaría una suite lineal, sino densificaciones, intensificaciones, refuerzos, inyecciones, *truffages*", pero con intervalos, desigualdades, a punto que, "para consolidar, a veces hay que hacer un agujero" (DELEUZE & GUATTARI, 1980, pág. 405). "Ya no se trata de imponer una forma a una materia, sino de elaborar un material cada vez más rico, cada vez más consistente, apto desde entonces a captar fuerzas cada vez más intensas. Lo que hace un material cada vez más rico, es lo que hace heterogéneos mantenerse juntos, sin dejar de ser heterogéneos" (DELEUZE & GUATTARI, 1980, pág. 406)

De aquí resulta una articulación rizomática, en vez de arborificada: "ya no hay una forma o una buena estructura que se impone, ni de fuera ni de arriba, sino más bien una articulación por dentro, como si las moléculas oscilantes, los osciladores, pasaran de un centro heterogéneo a otro, aunque sea para asegurar la dominación de uno de ellos" (DELEUZE & GUATTARI, 1980, pág. 404). Lo que sucede en esta película es que no es del todo la música quien establece el ritmo, sino la cadencia. El ritmo es, por el contrario, asegurado por los pasajes y contrastes entre cada escena, por los intercambios y reacciones entre elementos destituidos de afinidad dicha natural. Esta película es un ejemplo extraordinario de cómo "la acción se hace en un medio, mientras que el ritmo se sitúa entre dos medios, o entre dos entremedios, como entre dos aguas, entre dos horas, entre perro y lobo, *twilight* o *zwielicht*, *Hecceité*. Cambiar de medio, *pris sur le vif*, es el ritmo" (DELEUZE & GUATTARI, 1980, pág. 285).

Bibliografía

BARBA, E. (1994). *A Canoa de Papel: tratado de antropologia teatra*. São Paulo: HUCITEC.

BERGMAN, I. (1974). Bergman discusses film-making. En L. MALMSROM, & D. KUSHNER, *Four screenplays of Berqman* (págs. xiii-xxii). New York: Philip Press.

BLAU, H. (1992). *To All Appearances: ideology and performance.* New York: Routledge.

DELEUZE, G., & GUATTARI, F. (1980). *Mille Plateaux.* Paris: Les Éditions de Minuit.

EISENSTEIN, S. (1985). Métodos de montagem. En E. G. (org)., *Estéticas do Cinema.* Lisboa: Dom Quixote.

GEADA, E. (1985). Depois do cinema. En E. GEADA, *Estéticas do cinema.* Lisboa: Dom Quixote.

GIL, J. (2001). *MovimentoTotal: o corpo e a dança.* Lisboa: Relógio d'Água.

GIL, J. (2016,). *Ritmos e Visões.* Lisboa: Relógio d'Água.

KUSNET, E. (1992). *Ator e Método.* São Paulo/Rio de Janeiro: Hucitec.

LEHMANN, H.-T. (2002). *Le Théâtre Postdramatique.* Paris: L'Arche.

MARIN, L. (1994). Les plaisirs de la narration. En L. MARIN, *De la représentation.* Paris: Gallimard/Le Seuil.

MONTEIRO, P. F. (Dezembro de 1986). A ciência e o regresso da estética. *Revista Portuguesa de Psicanálise, nº 4*, 71.

PRADO COELHO, E. (1994). *Tudo o que Não Escrevi: Diário II (1992).* Porto: Asa.

SARRAZAC, J. P. (2012). *Poétique du drame moderne.* Paris: Seuil.

STEINER, G. (1971). *In Bluebeard's Castle: or some notes towards a re-definition of culture.* London: Faber and Faber.

VATTIMO, G. (1990). *La société transparente.* Paris: Desclé de Brouwer.

Para una presencia del ritmo en la escritura de Nijinski, el movimiento del sentimiento y la imagen suspendida

Ana Mira[1]

Cependant, telle une énergie potentielle,
les forces de mon rythme, enrichies par celles du public,
demeurent en chaque spectateur,
et bientôt, inconsciemment,
chacun les exprimera sous telle ou telle forme.
(SCHIRREN, 2011, pág. 249)

La obra literaria "Cuadernos" de Vaslav Nijinski tiene tres capítulos – "Vida", "Vida" y "Muerte", a lo largo de los cuales el lector sigue el flujo de conciencia del autor a través de las descripciones de su vida en Saint-Moritz, su universo como bailarín, sus preocupaciones sobre la humanidad, su relación con Dios.

Sin embargo, el flujo de conciencia de Nijinski en torno a la trivialidad de la vida y la muerte se cruza con fragmentos que parecen perder el contacto con la realidad o hacen que la realidad parezca una ilusión. En este estudio presento una posible lectura de "Cuadernos" de Vaslav Nijinski, iluminada por el concepto de

---

1. Investigadora, profesora, coreógrafa, performer y escribe sobre Danza y Filosofía. Doctorada en Filosofía /Estética en la Faculdade de Ciências Sociais e Humanas – Universidade Nova de Lisboa, donde es investigadora integrada en IFILNOVA – Instituto de Filosofia da Nova y en el colectivo baldio | Estudos de Performance, Portugal.

Este texto fue presentado en la *IV JIRA Jornadas Internacionales Ritmo en las Artes: Ritmo, Poética y Espacio*. Universidad Nacional de las Artes (UNA) – Departamento de Artes Dramáticas, desarrolladas en el Centro Cultural General San Martín, septiembre de 2018, Buenos Aires, Argentina, con el apoyo de Camões- Instituto da Cooperação e da Língua, I.P y Embajada de Portugal en Argentina. Traducción de Mónica Pardo.

"ritmo" desde la perspectiva de Gilles Deleuze y Félix Guattari (2007), José Gil (2018) y Kuniichi Uno (2012). A lo largo de este estudio trato de pensar en el ritmo como el movimiento del sentimiento en la escritura de Nijinski, es decir, la fuerza que traza las líneas gravitacionales del autor, traducida por la escritura y capaz de revelar la intensidad de una imagen suspendida como la de la *sangre en la nieve*.

Vaslav Nijinski y su obra "Cuadernos"

Vaslav Nijinski (1889-1950) fue un bailarín clásico y coreógrafo del siglo XX, cuyo trabajo se desarrolló principalmente en el contexto de Ballets Russes, una compañía de danza fundada por Serge Diaghilev. Las coreografías de Nijinski, "Preludio à l'Après-Midi d'un Faune" (1912), "Jeux" (1913), "Le Sacre du Printemps" (1913) lo colocaron entre los más grandes maestros de la danza clásica de la historia.

La singularidad de la danza de Nijinski ha sido descrita en muchos testimonios por tener una cualidad rara, que combina fuerza y levedad o gracia; con la pelvis y las piernas desarrolladas muscularmente y liviandad en la estructura del cuerpo. Nijinski era delgado y sus delicados brazos al bailar transmitían libertad de movimiento y un "sentido infalible de efecto decorativo" a través de la postura, la actitud y la forma, al tiempo que combinaban sensibilidad e inteligibilidad (WHITWORTH, 1913, pág. 24).

Sus coreografías contribuyeron para la evolución del ballet moderno, tanto en la expresión como en la técnica: desafiaban atributos convencionales y características técnicas; exploraban el acento, la trivialidad, la comunión con la naturaleza, los rituales de oración y sacrificio, la fuerza gravitacional de la tierra, el sentido del peso del cuerpo, la fusión entre las partituras de la danza y de la música (en vez de la sumisión de la danza a la música). En cuanto a su personalidad, Whitworth en su encuentro con Nijinski lo describió como "un hombre que es intensivamente, sinceramente, nerviosamente vivo" (WHITWORTH, 1913, pág. 23).

En 1913, su matrimonio con Romola de Pulski causó la ruptura con Diaghilev, tanto afectiva (porque eran amantes) como artísticamente (Diaghilev despidió a Nijinski de la compañía). Esta secuencia de eventos acentuó su fragilidad emocional ya existente.

Entre 1918 y 1919, durante su estancia en Saint-Moritz en Suiza con su esposa e hija, Nijinski escribió cuatro cuadernos que luego se consideraron su diario. "Cuadernos" de Nijinski (2004) se compone de tres capítulos titulados: "Vida", "Vida", "Muerte". Este trabajo está dedicado al sentimiento: "Voy a llamar *Sentimiento* a este libro" (Nijinski, 2004: 67). En otra página de sus "Cuadernos", el autor afirma: "toda la gente tiene sentimiento, pero no entiende el sentimiento. Quiero escribir este libro porque quiero explicar lo que es el sentimiento" (Nijinski, 2004, pág. 36). Y, "Quiero escribir para explicar a las personas los hábitos que hacen que el sentimiento muera" (Nijinski, 2004, pág. 67). Amaba a las personas y, para él, su "locura era el amor a la humanidad" (Nijinski, 2004, pág. 46). Para Nijinski, el "sentimiento" es una "fuerza interior" (Nijinski, 2004, pág. 33).

En 1919, en el salón de baile Suvretta House, Nijinski bailó por última vez en público. El bailarín sufrió un colapso nervioso severo durante su actuación: ante una audiencia de turistas, aristócratas y ricos, Nijinski bailó lo que Romola llamó "la danza de la vida contra la muerte", describiéndolo de la siguiente manera:

> Hizo que una humanidad dolorida y horrorizada viviera ante nuestros ojos. Fue trágico. Sus gestos tenían una dimensión épica. Como un mago, parecía flotar sobre una multitud de cadáveres. El público, horrorizado, parecía asombrado, extrañamente fascinado... Vaslav era como una de esas criaturas irresistibles e indomables, como un tigre escapado de la selva, capaz de aniquilarnos de un momento a otro. (NIJINSKI, 2004, pág. 11).

Nijinski tenía treinta años cuando le diagnosticaron esquizofrenia e ingresó en un hospital psiquiátrico en 1919. Después de otros treinta años de trastornos de salud mental y de pasar varios períodos internado, Nijinski murió en Londres en 1950.

El movimiento del sentimiento y la imagen suspendida

En "Cuadernos", Nijinski escribe en ondas, olas, corrientes de pensamiento que tanto lo atraen a la tierra como lo lanzan hacia el aire. En la violencia de los saltos del bailarín-escritor, o simplemente del escriba del cuerpo, los descensos y las elevaciones marcan la verticalidad de su escritura inquieta y misteriosa, movida por la sensación de que es la fuerza interior de Nijinski reflejada en las imágenes que me llegan y tocan, no menos violentamente.

Como lectora, sigo el flujo de conciencia de Nijinski que me lleva a través de su vida en Saint-Moritz, Suiza, en casa con su esposa, hija y enfermera; su relación con el Dr. Frankel, su psiquiatra; su universo como bailarín único en el mundo; sus recuerdos conflictivos con Diaghilev; su intento de preservar la singularidad de la danza fuera del valor de cambio versus el mercado de la danza y su intercambio constante de cuerpos, deseo y moneda (Nijinski quería destruir el mercado de valores); su represión causada por la guerra y la política; su aversión a comer carne; sus paseos, sus lecturas de Tolstoi; su amor por todos; e, igualmente, por sus consideraciones sobre la vida, la muerte, el sentimiento, la naturaleza, Dios y la humanidad.

En ese sobrevuelo por la vida de Nijinski, me detengo en una imagen – *sangre en la nieve*:

Me encuentro frente a un precipicio donde puedo caer, pero no tengo miedo de caer, por eso no caeré. Dios no quiere que me caiga porque me ayuda cuando caigo. Una vez salí a caminar y me pareció que había sangre en la nieve, así que corrí, siguiendo el rastro. Me pareció que habían matado a un hombre, pero que él estaba vivo, y corrí en la otra dirección y vi una gran mancha de sangre. Tenía miedo, pero me dirigí al precipicio. Noté que el rastro no era de sangre sino de meo. No sé otra palabra, así que escribo esta. Podría intentar aprender todas las palabras, pero no me gusta perder el tiempo. Quiero describir mis recorridos. Mientras caminaba por la nieve, vi un rastro de esquís que terminaba en la mancha de sangre. Tenía miedo de que hubieran enterrado a un hombre en la nieve porque lo habían matado a palos. Tuve miedo y volví hacia atrás corriendo. Conozco personas que tienen miedo. No tengo miedo, así que volví, y entonces sentí que era Dios quien me estaba poniendo a prueba para ver si le tenía miedo o no. Dije en voz alta: "No, no le temo a Dios porque Él es la vida, no la muerte". Entonces Dios me llevó al precipicio, diciendo que había un hombre colgando allí y que tenía que ser salvado. Tuve miedo. Pensé que era el diablo el que me tentaba, como lo hizo con Cristo cuando estaba en la cima de la montaña, diciendo: "Salta, y te creeré". Tuve miedo, pero después de un momento sentí una fuerza que me atrajo hacia el precipicio. Fui al precipicio y caí, pero me quedé atrapado en las ramas de un árbol que no había visto. Me sorprendió y pensé que era un milagro. Dios quería ponerme a prueba. Entendí a Dios y me quise soltar, pero Él no me dejó. Aguanté por mucho tiempo, pero poco después comencé a tener miedo. Dios me dijo que me caería si soltaba una sola rama. Solté una rama, pero no caí. Dios me dijo: "Ve a casa y dile a tu esposa que estás loco". Comprendí que Dios me quería, así que me fui a casa con la intención de darle esta noticia. En el camino volví a ver el rastro de sangre, pero ya no lo creí. Dios me mostró este rastro para que lo sintiera. Lo sentí y volví por el mismo camino. Él me dijo que me acostara en la nieve. Me acosté Me mandó quedarme quieto por mucho tiempo. Me quedé tumbado hasta que sentí frío en la mano. Mi mano comenzó a congelarse. Retiré mano y dije que no era cosa de Dios, porque me dolía la mano. Dios estaba complacido y me mandó volver por el mismo camino, pero después de haber dado algunos pasos, me mandó acostarme nuevamente en la nieve al pie de un árbol. Me aferré al árbol y me tumbé, cayendo lentamente hacia atrás. Dios me ordenó quedarme echado en la nieve otra vez. Estuve en la nieve por mucho tiempo. No tenía frío, y entonces Dios me dijo que me levantara. Me levanté. Dijo que podía irme a casa. Volví a casa. Dios me dijo: "¡Alto!" Me detuve. Sé que todo el mundo pensará que todo lo que estoy escribiendo es inventado, pero debo decir que todo lo que estoy escribiendo es la pura verdad porque lo he vivido todo en la práctica. Hice todo lo que estoy escribiendo. Voy a escribir hasta que la mano se me duerma. No me canso, así que seguiré escribiendo. (NIJINSKI, 2004, págs. 29 - 30)

Nijinski sigue escribiendo, el ritmo que marca el movimiento del sentimiento cruza los sucesos de su vida con aproximaciones al peligro de muerte o de locura, estos dos últimos como el instinto de muerte capaz de llevarlo al aniquilamiento del deseo de bailar y de escribir, de la metamorfosis, es decir, de ejercer la vida. Para Uno, Nijinski, al escribir su "diario", se niega a cambiar la vida por la muerte, pues aceptar la separación entre la vida y la muerte como una forma de reducir, preservar y domesticar la vida implica que esa demarcación se experimente como un sistema de muerte (UNO, 2012, pág. 29).

Contrariamente, Uno menciona que Nijinski opera una fusión entre la vida y la muerte en un casi intolerable grado de intensidad de la vida (UNO, 2012, pág. 29). Y el mismo Nijinski afirma: "Escribo a la vida, no a la muerte", "Amo la vida, quiero la vida" (NIJINSKI, 2004, pág. 66 y 69). En esa intensidad de la vida que surge de la fusión entre la vida y muerte – recordar el título de los tres capítulos de ("Cuadernos" / "Diario") (Vida,

Vida, Muerte) – en los escritos de Nijinski, el ritmo es el movimiento del sentimiento, tal como lo analizaré.

Ante el precipicio, el cuerpo y el lenguaje provocan un colapso de los sentidos y las coordenadas del espacio y del tiempo para Nijinski y su lector, donde la imagen de *sangre en la nieve* aparece suspendida, real e ilusoria al mismo tiempo: es y no es, es sangre y orina, desaparece y resurge en otra parte, es la sangre de un hombre que ha muerto pero está vivo, de un hombre enterrado, la culminación de una huella de esquí en una dirección diferente a la que tomó Nijinski, el miedo, la excusa para que Dios ponga a prueba a Nijinski, la tensión entre el movimiento y el reposo en la danza y la escritura de Nijinski, la cual siempre trastornó a quien lo escucha más próximamente.

Las formas expresivas de la escritura de Nijinski son fuerzas lúcidas (Nijinski escribe que finge la locura), líneas gravitacionales de saltos sin fin, los mismos de su lápiz que pesa sobre papel, desliza, bordea las palabras y libera las imágenes, capaces de interrumpir cualquier continuidad de eventos posible y, de manera diferente, trazando un continuum de imágenes vertiginosas.

El continuum de imágenes suspensas en los escritos de Nijinski surge de la ferocidad de una fuerza interior que, para Uno, hace que Nijinski (el Fauno) reduzca el "Yo" y las palabras al mínimo, "donde el espíritu vivió el instante que se aproxima a un cierto valor mínimo (llamarlo valor máximo sería lo mismo)" o un "valor-límite de la relación, de los sentidos, de la representación" al cual el espíritu se acerca para vencer "la velocidad loca" (UNO, 2012, pág. 19). Uno recuerda que Nijinski nombra el sentimiento como la "oscilación que llena esta disposición" y adelanta: "En la disposición mínima del espíritu, el sentimiento se abre como una fuerza potencial máxima fuera del sujeto" (UNO, 2012, pág. 20). En ese fuera de la identidad del sujeto y de la medida del espacio y del tiempo, Nijinski se convierte en otros:

Soy Dios y Toro. Soy Apis. Soy un egipcio. Soy un Hindú. Soy un indio. Soy un negro, soy un chino, soy un japonés. Soy un extranjero, vengo de otro sitio. Soy un pájaro marino. Soy un pájaro terrestre. Soy el árbol de Tolstoi. (Nijinski, 2004, pág. 55).

En la escritura reducida al mínimo de Nijinski, por entre las partículas de hielo y sangre, el "inconsciente del cuerpo" se derrama en las palabras dejando en el lenguaje el rastro de una vida no mensurable que sostiene la creación de una imagen atemporal y no localizable: *sangre en la nieve*.

Si el sentimiento es para Nijinski una fuerza interior y él escribe por la Vida, el movimiento del sentimiento corresponde al pulsar de una vida intensificada, o mejor, al ritmo. Desde la perspectiva de Gil a partir del psicoanálisis de Dolto, las palabras de Nijinski espejan su cuerpo (recuerdo, cuerpo hecho de espíritu, feroz y siempre buscando vivir el instante de valor mínimo, o máximo) como "imagen inconsciente del cuerpo", esto es, el mapa psíquico residual de sus experiencias corporales, cartografiado por el deseo a lo largo de su historia y en la relación comunicativa con el mundo y los otros humanos; desde el cuerpo infantil y, por eso, incluso durante la preverbalización del lenguaje (correspondiente a la de los balbuceos, de los sonidos, de los fonemas que nos permitiría pensar sobre los poemas de Nijinski que se encuentran en las últimas páginas de los "cuadernos") (GIL, 2018, pág. 20).

Dado que "el lenguaje arrastra el inconsciente del cuerpo, es decir, las fuerzas vitales reprimidas", los afectos inscritos en el lenguaje de la escritura de Nijinski surgen precisamente del asombro del "inconsciente del cuerpo" en las palabras (Gil, 2018: 56). Por esta razón, es una "palabra de fuerza", desde la perspectiva de Gil: "Para un niño, una palabra tiene la fuerza [inconsciente] de la emoción que la contamina; ella y ante todo esa fuerza y toma su sentido" (GIL, 2018, pág. 22). Nijinski escribe en el plano de las partículas virtuales donde el gesto de la escritura lleva el ritmo de la fuerza transmitida por el inconsciente y lo proyecta en la imagen. La *sangre en la nieve* es violenta para el lector, que se adhiere a esta imagen, porque transmite las fuerzas del miedo y la muerte y, al mismo tiempo, la prueba de Dios que para Nijinski es la Vida. Sin embargo, ¿cómo caracterizar la presencia del ritmo en la escritura de Nijinski?

En la obra "Cuadernos" ("Diario"), de Nijinski (2004), el ritmo es el latido de una vida intensificada entre la vida y la muerte. El ritmo corresponde al movimiento del sentimiento, su incesante y veloz oscilación entre seres y mundos heterogéneos; siendo que el sentimiento crea un estado de ánimo para una escritura reducida al mínimo y, al mismo tiempo, elevada al máximo de expresión. A través de la "imagen inconsciente del cuerpo", desde la perspectiva de Gil (expuesta arriba), la escritura de Nijinski traduce el inconsciente, es decir, sus palabras transportan la fuerza – y el ritmo de la fuerza de la Vida, de la intensidad, del afecto – transmitida por el inconsciente e incorporada a la imagen. Dicha traducción se realiza por el ritmo, a lo largo de sucesivas transferencias afectivas entre los sentidos táctil, visual y auditivo; así, el ritmo traduce las sensaciones al lenguaje verbal (GIL, 2018, pág. 30). Gil menciona:

> Como escriben Deleuze y Guattari, el ritmo "es lo Desigual o lo Inconmensurable, siempre en transcodificación. […] Él no opera en un espacio-tiempo homogéneo, sino con bloques heterogéneos". Aquí, con fuerzas y formas. La traducción rítmica parece componer un sólo ritmo, un sólo cuerpo, pero lo que resulta es una diferenciación rítmica mayor y más compleja de los cuerpos. (GIL, 2018, pág. 30)

La presencia del ritmo en la escritura de Nijinski hace proliferar la Diferencia en el incesante movimiento que la imagen cristaliza porque las palabras de Nijinski transportan la diferencia del movimiento del sentimiento, oscilando sin cesar, y la del propio Nijinski siempre en mutación tanto en la escritura como en la danza: "Incluso en las fotos en las que se inmoviliza en una pose, la imagen de Nijinski se aureola con líneas de fuerzas difíciles de determinar y conseguir revelar una forma, lo que allí está es la génesis del movimiento" (UNO, 2012, pág. 21). En las palabras de Nijinski, la imagen, la forma, el sentido son imposibles de fijar, ellas captan el ritmo de la fuerza, el pulso de la vida.

En el recorrido de una vida intensificada, que viene de la fusión entre la vida y la muerte, en los escritos de Nijinski acompaño el ritmo de la corriente de las palabras del autor, "palabras-fuerza" que transmiten el inconsciente del cuerpo y del lenguaje y siempre entre-dos. Deleuze-Guattari mencionan: "es en este entre-dos que el caos deviene ritmo", y el ritmo surge en el pasaje entre dos medios heterogéneos (DELEUZE & GUATTARI, 2007, pág. 398).

Nijinski escribe intensivamente porque siente. El sentimiento lo mueve a una velocidad loca entre diferentes lugares y seres, Dios, Cristo y Anticristo. El acto de escribir (sobre el cual Nijinski toma conciencia al *describirlo* en varias páginas de los Cuadernos) desacelera las fuerzas del caos en Nijinski, mientras el trazo de la escritura bordea y dibuja una imagen suspendida, de espacio y de tiempo propios, como un paisaje de temperatura y color violentamente poético: la mancha de *sangre en la nieve*. Esta imagen extraída del caos por el contorno de las palabras, aun infinitamente caótica, no cesa de escaparse, deshacerse, descolocarse, retomarse en historias donde medios separados y personajes desconocidos se atraviesan y transmutan en los "Cuadernos" de Nijinski: territorio de las metamorfosis o expresión plena del ritmo.

A modo de conclusión, en "Cuadernos" de Nijinski, el ritmo puede entenderse como el movimiento del sentimiento, en otras palabras, la pulsación de una vida intensificada cuya fuerza traza líneas gravitacionales que tanto atraen a Nijinski a los acontecimientos cotidianos como lo arrojan al caos del que se extraerá la imagen: *sangre en la nieve*. El ritmo es oscilante, desigual, inconmensurable, diferencial; su latido destruye el Yo (como identidad), el espacio y el tiempo (como coordenadas), y acerca el espíritu de Nijinski al valor límite cuando la escritura se reduce al mínimo de la relación, de los sentidos y de la representación, y solo entonces puede abrirse una fuerza potencial máxima de expresión del lenguaje escrito del autor, ya fuera del sujeto, del espacio y del tiempo.

Las palabras de Nijinski transportan la fuerza que proviene de toda una cartografía de afectos, arcaica, inconsciente. En su incesante transcodificación, el ritmo traduce las sensaciones en palabras, ambas, en donde las fuerzas se encuentran invertidas. En el umbral del pasaje entre-dos de Nijinski, vida y muerte, toro y pájaro, el ritmo surge del caos cuando el contorno de la palabra hace la tierra, una tierra hecha de imágenes en los "Cuadernos" de Nijinski. Mientras, Nijinski se sostiene delante del precipicio, "en el límite de la tierra", decían Deleuze-Guattari evocando a Paul Klee; en donde el artista se instala interesado "por el microscopio, por los cristales, por las moléculas, por los átomos y por las partículas, (…) por el movimiento inmanente" de la intensidad de una Vida, Vida, Muerte (DELEUZE & GUATTARI, 2007, pág. 428).

Ante el abismo, Nijinski desafía la gravedad restante a través de la oscilación del movimiento del sentimiento: el ritmo. Mientras que la imagen – *sangre en la nieve* – en su potencia infinita preservada del caos, se despega y se eleva desde la tierra en dirección al cosmos.

Bibliografía

DELEUZE, G., & GUATTARI, F. (2007). *Mil Planaltos: Capitalismo e Esquizofrenia 2*. (R. Godinho, Trad.). Lisboa: Assírio e Alvim.
GIL, J. (2018). *Caos e Ritmo*. Lisboa: Relógio d'Água.
NIJINSKI, V. (2004). *Cadernos*. Ed., & M. J. Figueiredo, Trad. Lisboa: A. &. Alvim.
SCHIRREN, F. (2011). *Le rythme primordial et souverain*. Vottem: Contredanse.
UNO, K. (2012). *A génese de um corpo desconhecido*. São Paulo: N-1 Edições.
WHITWORTH, G. (1913). *The art of Nijinsky, ilust. by Dorothy Mullock*. London: Chatto & Windus.

El cine como huella de la travesía:
el ritmo vital y la memoria ritual
en Chantal Akerman y Raymonde Carasco

Salomé Lopes Coelho[1]

Le llamo esto porque no sé el nombre de esto
Manuel António Pina

Manuel António Pina le llamaba *esto* porque no sabía el nombre de *esto*. Vengo eligiendo la precaria, transitoria y, posiblemente, redundante designación de "ritmo vital". La elección de este nombre no resulta de un intento de definición, es más bien una decisión operativa que permite avanzar y despegar la atención del *esto*, hacia el gesto de *contacto* con ese *esto* (ritmo vital), y su relación con la experiencia estética y con la creación artística, más específicamente del cine. En este ensayo, dialogo con Gilles Deleuze y Félix Guattari (teoría sobre el ritmo), Mikel Dufrenne (experiencia estética de la naturaleza), Giorgio Agamben (gesto), y con el cine de Raymonde Carasco y de Chantal Akerman, para pensar el ritmo vital y su relación con el cine. La tesis central de este ensayo es que el cine es una memoria ritualística del gesto de la travesía, al mismo tiempo que abre la posibilidad de contacto con el ritmo vital.

1. Doctoranda en Estudios Artísticos, FCSH – Universidad Nova de Lisboa, Portugal. Investigadora en IFILNOVA – Instituto de Filosofia da Nova y el Equipo de Investigación del Ritmo en el Arte, EIRA, Universidad Nacional de las Artes, Buenos Aires.

Este texto es una versión actualizada y traducida al español del texto "A travessia como gesto: o contacto com o ritmo vital e a experiência estética", originalmente publicado en la Revista Dobra. Este trabajo es parte de la investigación de doctorado financiada por la Fundación para la Ciencia y Tecnología. Agradezco a Florencia Carrizo la traducción. (N. de la A.)

I

Esta película tiene ritmo, variaciones de velocidad. Esta música tiene ritmo, armonía. No aguanto este ritmo, la cantidad de cosas que tengo que hacer en tan poco tiempo. Los tiempos actuales tienen un ritmo demasiado acelerado, mecanizado. Esta danza tiene ritmo, conjuga bien los movimientos, los tiempos, la velocidad, lo inesperado, los colores, el sonido, la espacialidad; los movimientos de los bailarines están dentro del ritmo, están sincronizados. Aunque podemos sustituir la palabra ritmo por otros elementos descriptivos entendidos como sinónimos, ninguno de esos elementos satisface la definición de ritmo. De algún modo, estos elementos pueden formar parte de la experiencia del ritmo, pero no todos siempre, ni siempre todos.

No es difícil tejer consideraciones sobre el ritmo experimentado en múltiples contextos, sin necesidad de explicitar de qué se trata (todos parecen saber de qué se habla, cuando se habla de la experiencia del ritmo). Sin embargo, si se pregunta a las personas involucradas en una conversación cómo definen el ritmo, las respuestas podrían ser muy diferentes, aun cuando parecían antes estar de acuerdo. Incluso los estudios más profundos sobre el ritmo varían en su conceptualización, dependiendo del área de conocimiento o área artística en que se desarrollan; y hasta dentro de cada área (cómo podría ser la filosofía, la biología, el cine, la semiótica, la música, la meteorología, etc.), las perspectivas frente al ritmo pueden ser diferentes, dependiendo de quien las estudia o del *corpus* de investigación. No hay acuerdo en una definición única de ritmo, pero existe un eje que agrega diferentes perspectivas. Este eje es el del regreso a una concepción pre-platónica de ritmo, con la que me identifico y en la que me inserto.

Quien nos permite conocer otras nociones de ritmo que se distancian de aquella que domina y es deudora de Platón, es el lingüista francés Émile Benveniste, en *Problèmes de linguistique générale* (1966), con una parte dedicada a la noción de ritmo y su expresión lingüística. Además de un análisis etimológico que transforma lo que se entiende por ritmo, el autor analiza detalladamente los usos de la palabra ritmo en el período presocrático. Benveniste encuentra que antes de Platón, para hablar de un sentido particular de la noción de forma, se usaban como sinónimos las palabras *skhêma*, *morphè* o *eidos*, que se refieren a formas fijas, a realidades inmóviles y a fenómenos periódicos. Por otra parte, la palabra ritmo era usada para hablar de la forma de los átomos, de las letras del alfabeto, para referirse al carácter singular de una persona, a la imagen que reflejan los espejos, a la forma de una opinión o de un pensamiento. La palabra ritmo se utilizaba para referirse, por lo tanto, a cualquier cosa con movimiento, en un determinado momento. También el análisis etimológico que Benveniste hace de la palabra ritmo contribuye a un nuevo entendimiento del término. Dice el autor que el *rhuthmos* es formado por el verbo *rhein* (fluir) con el sufijo –(*th*)mos (forma/manera/modo), lo que implica que *rhuthmos* no indica una modalidad particular de fluir cumplida, sino la modalidad particular de ese cumplimiento. De este modo, *rhuthmos* no se remite sólo a la configuración momentánea de cualquier cosa móvil, sino que remite también a la manera particular de fluir de un fenómeno móvil.

La pregunta de Benveniste es cómo llegamos a la definición actual que asocia ritmo a la periodicidad, para luego concluir que la misma se debe a Platón y a los usos que hizo de la noción de ritmo. En Platón, Benveniste encuentra un nuevo sentido de ritmo, asociado a la "forma del movimiento que el cuerpo humano asume en la danza, y a la disposición de las figuras en la que ese movimiento se da" (BENVENISTE, 1966, pág. 334), y esta forma se determina ahora mediante una medición. Ritmo, desde Platón, pasa entonces a denominar "el orden en el movimiento, el proceso de conformación armoniosa de las actitudes corporales combinado con un metro" (BENVENISTE, 1966, págs. 334-335).

Por eso es que tantas veces se dice ritmo de la repetición en intervalos de tiempo regulares de uno o varios elementos; en general, es a esta repetición a la que se llama ritmo en los más diversos campos, de la fisiología a la física, de la economía a la astronomía, pero también en el arte:

(...) en música, en ocasiones se llama ritmo al compás, en poesía al número de sílabas que hay entre los acentos gramaticales, inclusive en arquitectura a una serie de columnas separadas por distancias iguales, o en un cuadro a figuras que se repiten regularmente" (BARRETTA, MIRAMONTES, & ZORRILLA, 2013, pág. 32).

Siguiendo con la propuesta de volver a una concepción pre-platónica de ritmo[1], entiendo al ritmo como una configuración momentánea de un flujo en constante circulación, y además como a la propia llegada a esa configuración, en el momento en que la misma ocurre. Ritmo es una realidad dinámica observada en el momento de su fluir, así como también se refiere a la forma/manera de ese dinamismo en sí.

II

Tomando esta premisa de que el ritmo no es el orden del movimiento, ni está necesariamente asociado a una organización numérica, ni repetitiva, lo que aquí propongo, por un lado, es una idea de arte como configuración específica del ritmo vital, y, por otro, como un ejercicio de persistencia del artista en el *contacto* con ese ritmo.

La designación de "vital" es una elección basada en diferentes encuentros teóricos y en las experiencias asociadas al trabajo de campo que desarrollé en la región andina de Argentina, Bolivia y Perú, en 2016. De enero a abril de 2016, atravesé la región andina, desarrollando ejercicios de ritmanálisis, sobre todo de las danzas del carnaval en Bolivia y Perú. Por ejercicios de ritmanálisis entiendo una metodología de análisis que considera al ritmo no tanto como un objeto sino como a una herramienta; por eso se llama ritmanálisis y no análisis del ritmo. En este entendimiento, sigo la propuesta de Henri Lefebvre (2004), que, a su vez, se basa en el capítulo con el mismo nombre del libro *La dialectique de la durée*, de Gastón Bachelard (1963). Este capítulo es la lectura y el resumen que el filósofo francés hace de tres volúmenes que le son enviados desde Río de Janeiro por el portugués Lúcio Pinheiro dos Santos. De estos tres volúmenes no hay ningún vestigio, más allá de este capítulo en el libro de Bachelard.[2]

---

1. La propuesta del ya mencionado Benveniste, pero también de investigadores del ritmo como Henri Meschonnic (1982), Pierre Sauvanet (1996) o Pascal Michon (2007).

2. Pedro Baptista, autor del libro *O filósofo fantasma* (2010), dedica una exhaustiva investigación a la vida de Lúcio Pinheiro dos Santos, disponibilizando escritos inéditos. El autor explica que existen solo tres ejemplares de los

Lefebvre afirma que la primera etapa de un proceso de ritmanálisis pasa por experimentar los ritmos, y el ritmanalista se deja llevar por esa fluidez para que, en una segunda etapa, pueda encontrarles un orden subyacente, y, así, percibir aquello que esos ritmos revelan del tiempo, del espacio, y de la energía. Este ritmanalista es, para el autor, una combinación de psicólogo, sociólogo, antropólogo, poeta, que escucha las temporalidades y las disrupciones rítmicas en las que se desarrollan las actividades humanas y no humanas. El cuerpo piensa, no en abstracto, sino en una temporalidad viva, siendo el punto de contacto entre los diversos ritmos.

En gran medida, y eligiendo un eje posible que asume la multiplicidad de los ejercicios desarrollados en el trabajo de campo, el ritmanálisis consistió en movimientos de travesía (solo más tarde pude formularlo de este modo: atravesar el Atlántico, atravesar los Andes, atravesar las montañas en el Sur de Perú,, atravesar el Lago Titicaca, atravesar países, atravesar la pampa, atravesar el desierto de Atacama). Tales travesías trajeron un conocimiento corporal, como le llama Mikel Dufrenne (2004), que escapaba a cualquier gramática conocida. Las tentativas de traducción del cuerpo gestual en cuerpo de palabras o cuerpo teórico resultaban casi siempre en la formulación de la palabra "magia" o "mística".

A falta de una mejor palabra, provisoriamente tomé la palabra "mística" para adjetivar la experiencia, la "experiencia mística" de atravesar aquellas geografías, aquellos espacios-tiempos, ese ritmo, con aquella la naturaleza, aquellos idiomas, corporalidades, gestos y formas de vida. "Mística" surge porque designa una experiencia fuera del dominio de la vida cotidiana, del orden del misterio, en un doble movimiento de disolución del cuerpo y del yo/ego/sujeto, al mismo tiempo que ese cuerpo estaba enteramente presente en aquella experiencia. Me aparecía, no raras veces, la idea de lo divino, la sensación de *ser parte*, de

tres volúmenes que Pinheiro dos Santos escribió sobre el ritmanálisis: uno de ellos fue enviado a Álvaro Ribeiro, junto con una carta en 1936, y cuyo paradero se desconoce totalmente; el otro, fue enviado a Gastón Bachelard, y no se pudo encontrar entre los objetos del filósofo; el tercer ejemplar, estuvo bajo posesión de la esposa de Pinheiro dos Santos, quien lo habría quemado. Por lo tanto, no existe ningún rastro de dichos volúmenes, cuyas tentativas de publicación han sido varias e infructuosas.

ser tocada y tocar algo extraordinario, misterioso, mágico. Tal vez "místico" haya venido de esa asociación a lo divino, aunque divino no sea lo mismo que Dios ni mucho menos religión (aunque también la historia de las religiones está marcada por movimientos que apuntan hacia gestos de travesía: Moisés y la travesía del desierto, peregrinaciones a la Meca o, en Portugal, al santuario de Fátima).[1]

He utilizado provisoriamente la palabra "mística" para nombrar una experiencia de contacto con algo vital[2], para la cual encontré, más tarde, sustentación en una colección de escritos del equipo de investigación español Trama, que presenta distintos estudios sobre ritmo y arte, desarrollados, sobre todo, a partir de la filosofía y de los estudios culturales y artísticos. Los diferentes artículos abordan desde el arte chino (arte como manifestación y afirmación del Tao), a la pintura de Paul Cézanne (arte hecho carne), la relación entre la naturaleza y el arte, la música y las artes visuales, etc., y, aunque son bastante diferentes entre sí, comparten la idea en la que sostengo esta designación de "ritmo vital": en sus distintas formas de expresión, el ritmo es la manifestación de la vitalidad en el arte.

Entendiendo el ritmo como el flujo constante que cristaliza, provisoriamente, una forma/manera, mi intuición/hipótesis es que existe un ritmo vital, cuyo contacto es del orden de la experiencia

---

1. "Realismo Mágico", para mí, toma ahora otra dimensión, luego de atravesar esos lugares.

2. Friedrich Nietzsche usaba el adjetivo "vital", pero asociado a la potencia (potencia vital: aquello que desborda todos los dominios de lo sensible y los atraviesa). La psicoanalista brasileña Suely Rolnik utiliza la designación de flujo vital, para designar una experiencia extrasensorial, extrapersonal, extrapsicológica, que atraviesa los cuerpos y los transforma. Podría recurrir a estas definiciones, aunque, por ahora, "ritmo vital" ha sido la más satisfactoria, porque acentúa que hablamos de ritmo, pero subraya que no es de cualquier forma de ritmo (y se abre a la multiplicidad de ritmos y no a una sola definición de este concepto). La noción que, probablemente, más se acerca a la de ritmo vital es la de vibración. "Vibración" es el término usado por Lúcio Pinheiro dos Santos, a través de la lectura de Gastón Bachelard, en sus ya mencionados escritos sobre ritmanálisis, pero tiende a acentuar la dimensión de la física (física ondulatoria, más precisamente) y vuelve a vincular la idea del ritmo a la de átomo. Esta idea de Pinheiro dos Santos de que lo material vibra y, sobre todo, de que la vibración se materializa, es muy importante para el entendimiento del ritmanálisis. Sin embargo, nos parece insuficiente hablar de vibración, optando por seguir usando la designación de "ritmo vital".

estética, y que se materializa provisoriamente en formas artísticas. Existe siempre experiencia estética, es decir, contacto con el ritmo vital, que asume una forma-objeto de arte, en determinadas circunstancias. No es privilegio exclusivo de los artistas el contacto con ese ritmo vital, no le es propio a nadie o a nada, siendo que el arte, como afirma Jacques Rancière (2002, pág. 79), es sólo la aplicación singular de un poder común a todas las personas. En mi opinión, los llamados artistas, apenas intensifican o persisten en ese contacto. Como dijo José Gil (2016, pág. 25), las diversas energías que habitan el artista se enfocan en una voluntad de hacer, de crear, un objeto artístico. Esta intensificación significa "entrar en un estado de circulación de energía de tal manera rápida, densa y fuerte", que destruye patrones y esquemas conocidos, apareciendo el texto literario, continúa Gil (2016, págs. 27-31), como resoluciones no patológicas del acontecimiento catastrófico del vacío. Y si Gil se refiere al texto literario, tal vez podamos referirnos al arte en general, y en el lugar del vacío podríamos decir ritmo vital.

III

El contacto con el ritmo vital es un gesto de travesía. Este vacío, que es el contacto con el ritmo vital, se da mediante la entrada en una respiración específica, implicando siempre una travesía. Marcel Mauss decía, al final de uno de sus textos más conocidos, "Técnicas del Cuerpo", que la conexión con lo divino tendrá bases fisiológicas, y alentaba a sus seguidores a investigar esa sospecha (MAUSS, 1979, pág. 122). Cuando Mauss se refiere a lo divino, tal vez se esté refiriendo al *esto* al que se refiere Manuel António Pina, al principio de este texto, o quizá, y esta es mi sugerencia, tal vez se refiera al ritmo vital.

En este vacío, que asocio a la idea de Cosmos en Deleuze y Guattari, que también teorizaron el ritmo, existen flujos de partículas en constante movimiento, en distintas direcciones, intensidades y velocidades – "partículas locas o singularidades nómades" (DELEUZE & GUATTARI, 1980, pág. 54) –, siendo que tales partículas son tan divisibles que casi se podrían decir líquidas. La captura momentánea de estas partículas las aprisiona en una determinada configuración específica y momentánea, hasta que vuelvan a ser flujo. Se dice momentánea porque las partículas (una sola o muchas de ellas) terminarán por ceder a la presión del Cosmos para que circulen, se muevan, se disuelvan en otra configuración. La resistencia a la amenaza constante que sufren las configuraciones momentáneas o la respuesta al intento del Cosmos de obligar a encontrar una nueva o más resistente organización es lo que Deleuze y Guattari entienden como ritmo. En este sentido, el ritmo es no sólo la configuración momentánea de un flujo en constante movimiento, sino también la propia llegada y esfuerzo de mantenimiento de esa configuración, en el momento en que ocurre. Este entendimiento acerca los filósofos a la concepción preplatónica de ritmo.

Aunque las teorías de Deleuze y Guattari sobre el ritmo abarcan otra dimensión relevante para la hipótesis desarrollada en este ensayo, y que tiene que ver con la idea de que el ritmo nunca se da en un solo *milieu*[1]. Por el contrario, para que haya ritmo, siempre habrá comunicación/contacto entre *milieux*. Esto significa que el ritmo se da siempre en un "entre". Entendemos que este "entre" (la comunicación entre *milieux*) implica una travesía. No hay contacto, no hay comunicación o toque sin travesía. Cuando las partículas circulan para formar determinados *milieux*, cuando se mantienen porque establecen alianzas de fuerza con otras partículas y resisten a la presión de disolución, ejercida por el caos, de algún modo existe un movimiento de atravesar. Y tal vez aquí haga falta explorar lo que entendemos por travesía.

El cuento "A terceira margem do rio", de Guimarães Rosa (1988) , abre a la idea de travesía a la que me refiero. En este cuento, un hombre se despide de su familia, para pasar a vivir en una canoa en medio del río de la que jamás regresa, sin que, al mismo tiempo, se haya ido hacia alguna parte. El hombre "sólo realizaba la invención de permanecer en aquellos espacios del río, de medio a medio, siempre dentro de la canoa (...)"

---

1. Los *milieux* son medios vibratorios, bloques de espacio-tiempo constituidos por la repetición periódica de un componente (código), dentro de la cual un cierto número de relaciones toma significado. El caos amenaza continuamente la estabilidad de los *milieux* que emanan y la forma que los *milieux* encuentran para apoyarse y crear un orden que los sustenta mutuamente, a través de procesos de transcodificación. La transcodificación es la manera en que un *milieu* sirve de base a otro *milieu*, se establece sobre otro, se disipa, o se constituye en otro *milieu*. El *milieu* de todos los *milieux* es el Cosmos.

(GUIMARÃES ROSA, 1988, pág. 32). Cuando digo travesía, no digo ir de un punto a otro o de margen a margen, en el sentido o en dirección a, en este caso, dirección al ritmo vital y al contacto con este, porque el ritmo vital no está situado/localizado en ningún lugar específico. Cuando digo atravesar, lo digo como gesto, en el sentido que le da Giorgio Agamben.

La búsqueda de comprensión del gesto es algo que ha ocupado, de forma más o menos evidente, las investigaciones de Agamben. En el capítulo "Notes on Gesture" de *Means without end. Notes on politics* (2000), y en *Los usos de los cuerpos* (2017), Agamben parte de la distinción que Varrão hace en *De língua latina*, entre tres "grados" de la actividad humana: *facere*, *agere* y *gerere*. Además, se basa en la distinción aristotélica entre *praxis* y *poiesis*, para afirmar que el gesto no se deja inscribir en esta polaridad. *Praxis* designa las operaciones con un fin en sí mismas, que nada producen más allá de sí mismo, y la *poiesis* incluye operaciones que producen algo exterior, que poseen un fin más allá de sí mismas. El gesto sería la pura medialidad expuesta como tal, ni una actividad con un fin en sí misma, ni con un fin más allá de sí. Dice Agamben:

> (…) el gesto no es ni un medio, ni un fin; antes, es la exhibición de una pura medialidad, el hacer visible un medio como tal, en su emancipación de toda finalidad. El ejemplo de la mímica es, en ese sentido, esclarecedor. ¿Qué imita la mímica? No el gesto del brazo con el fin de tomar un vaso para beber o con cualquier otro hábito, sino que, por el contrario, la mimesis perfecta sería la simple repetición de ese determinado movimiento tal cual es. La mímica imita el movimiento suspendiendo, sin embargo, su relación con un fin. Es decir, expone el gesto en su pura medialidad y en su pura comunicabilidad, independientemente de su relación efectiva con un fin. (AGAMBEN, 2018, pág. 3)

En este sentido, atravesar sería un gesto, en la medida en que es pura medialidad, intensificación de un "entre", que no se caracteriza por una acción con un fin (el gesto interrumpe, imprecisamente), su relación con un fin. Atravesar, en su sentido general, sugiere un movimiento en dirección a, un movimiento de ir de un punto a otro, una acción con un fin, pero cuando me refiero a la travesía, me refiero a la operación de atravesar y ser atravesado. El atravesar implica la intensificación de un estar "entre" que es siempre inestable, siendo que el "entre" se deriva de la relación de dos o más elementos que están en contacto. Este contacto, para seguir la propuesta de Agamben, no sería una tangente, sino una ausencia de representación, un tercer margen.

Atravesar y ser atravesado es también del dominio de la respiración y pasa por entrar en un estado que asocio a la meditación, como ya he mencionado. Tal vez la figura del dios de la danza en la cultura azteca, nos ayude a acercarnos a esta idea de la meditación. En *Dancing the New World. Aztecs, Spaniards and the Choreography of the Conquest* (2013), Paul Scolieri analiza el lugar de la danza en la colonización del continente americano, específicamente en el México actual. Sin que pueda definir una sola deidad de la danza, Scolieri identifica tres deidades asociadas a la música y a la danza, apareciendo Xochipilli varias veces como "dios de la danza".

A pesar de aparentar ser una posición casi de meditación (me refiero a la postura de piernas cruzadas sobre sí mismas y manos cerca de las rodillas), es una posición bastante incómoda, en la que no se podría estar mucho tiempo (basta con experimentarla). Es una posición de transición, en la que el dios o está a punto de sentarse, o a punto de levantarse. Hay definiciones de la danza como ese estado de tensión y de intento de equilibrio entre el peso del cuerpo, la verticalidad y el peso de la gravedad y tal vez esta idea de un dios que baila sentado, que se instala precariamente en una posición, sea una posible aproximación a la idea de meditación, como estado de la travesía, que aquí propongo. Aunque atravesar sea entrar en una respiración propia, que se asocia a un estado meditativo, y aunque seamos envueltos por la noción de que pertenecemos a un todo múltiple y de que el todo múltiple está ya en nosotros, la travesía es siempre del dominio de lo inestable y de la transición: entre margen y margen, una tercera cosa.

Siguiendo la cosmovisión andina, con la que tuve la oportunidad de contactar durante mi trabajo de campo, y siguiendo la sistematización de esa filosofía que presenta Josef Estermann (2006), podría describir esta travesía como el movimiento de instalación en la certeza (es decir, pasar a conocer de forma cognitiva y emocional), que no hay una separación entre sujeto y objeto, que cada parte contiene el todo, que contiene la parte. En *quechua* no existe el verbo "ser" y aunque exista en *aimara*, es, ante todo, una expresión relacional (usado, por ejemplo, para decir "de mí, mi hijo es"). En los Andes, todo está relacionado y vinculado con todo y la entidad básica no es el ser/o ente, sino la relación, y la lengua refleja y construye esa visión. El ritmo vital, como flujo en constante movimiento que todo atraviesa, que se configura en formas momentáneas y vuelve a ser flujo, se acerca a esta idea de que todo está relacionado con todo y el contacto (mental, físico, emocional, etc.) con esta idea es el gesto de la travesía.

También la idea del ritmo como relación aparece en los escritos de Paulo Fraisse. El autor dice en *Psicología del ritmo* (1976), que el ritmo es percibido y creado al mismo tiempo. Para Fraisse, el ritmo no está en la obra de arte, ni en quien la experimenta. La acción del espectador es la que, en relación con la obra, construye la experiencia rítmica, siendo este el que percibe el ritmo y también quien lo crea (FRAISSE, 1976, pág. 14).

IV

La experiencia de contacto con el ritmo vital, que viví en el trabajo de campo, sale al encuentro de lo que Mikel Dufrenne denomina "experiencia estética de la naturaleza" (2004, págs. 60-77). Esta experiencia de la naturaleza, dice el filósofo, no nos trae sólo su presencia, sino que nos muestra que estamos presentes ante esa presencia: "La percepción estética es la certeza de una co-naturalidad de lo humano con la naturaleza" (PITA, 1997, pág. 303). La certeza de que todo está relacionado con todo y de que la experiencia estética está relacionada con esa certeza es así descrita por António Pedro Pita en "Constituição da Problemática Filosófica de Mikel Dufrenne":

> Entre el individuo y el cosmos, lo singular y lo universal, existe una correspondencia profunda, una homología esencial, que hace que todas las diferencias sean reabsorbidas en la circularidad de un mundo sin historia y sin diferencias. (PITA, 1997, pág. 305)

Aquello que se pone de manifiesto en el fenómeno de la expresión es, entonces, "cualquier cosa en común que el mundo dice a través de los objetos diferentes" (Pita, 1997, pág. 305). La experiencia estética está también asociada en Dufrenne al contacto con "lo originario", se restablece, que es también lo que dice Agamben, para referirse al ritmo:

> Cuando nos encontramos frente a una obra de arte o paisaje, sumergidos en la luz de su presencia, advertimos una detención en el tiempo, como si, de repente, nos trasladáramos a un tiempo más original. (AGAMBEN, 2005, pág. 161)

En otro momento, también afirma Agamben:

> El regalo del arte es el regalo más original, porque es el regalo del mismo lugar original del hombre (...), permite que el hombre acceda a su estar original en la historia y en el tiempo. (AGAMBEN, 2005, pág. 164).

En esta cita, no sólo se subraya la idea del arte como contacto con una temporalidad "más original", como también se pone a la par al arte y al paisaje, dando fuerza a la asociación de la experiencia estética de la naturaleza con la obra de arte. También Deleuze y Guattari, aún en sus escritos sobre ritmo, asocian el arte con la naturaleza. El ritmo es, para los autores, una cuestión de formación y comunicación entre *milieux*, así como dije anteriormente, aunque también está relacionado con los territorios. Cuando la comunicación entre *milieux* adquiere cualidades (color, olor, sonidos, movimientos corporales, etc.), el ritmo se vuelve expresivo y dibuja un territorio.

Los ejemplos que dan los autores son casi siempre relativos a los animales. Las marcas que dejan los gatos a través del olor de la orina, el canto de los pájaros o los colores que determinados peces asumen y que funcionan como signos que marcan el territorio (lo que define aún más una morada, que un territorio con fronteras claras), para establecer sus límites y defenderlo. En este sentido, el territorio instaura una distancia crítica que no define precisamente un espacio objetivo o geográficamente delimitable. A esa distancia crítica, que sirve tanto para alejarse como para acercarse, los autores la llaman "ritmo" (DELEUZE & GUATTARI, 1980, pág. 393). Como sintetiza la investigadora Stamatia Portanova (2017): "rhythm is a display of distances and proximities"[1], o de travesías. Así, la expresividad o la calidad, que los autores incluyen bajo la designación de estética, están antes que el territorio. Afirma Simone Borghi:

Debemos prestar atención, entonces, a una especie de pasaje, que va del estado de *pancarte,* es decir de señal o marca territorial, resultante de un acto expresivo, que es, para los filósofos [Deleuze e Guattari], ya lo hemos dicho, el inicio o el suelo del arte, hacia lo que ellos definen como un estilo. (BORGHI, 2014, pág. 62)

La territorialidad es, por lo tanto, el acto del ritmo que se vuelve expresivo, estando relacionado con los actos de animales y otros elementos de la naturaleza. Por naturaleza (sea en la experiencia estética de la que habla Dufrenne, el paisaje de Agamben, o de la naturaleza de la que hablan Deleuze y Guattari) no entendemos sólo a las montañas, los ríos, los árboles o los animales. La naturaleza está más cerca de la noción de *pacha*, tal como se define en los idiomas *quechua* y *aimara:* no existe una palabra para la naturaleza, *pacha* es la palabra usada para designar el territorio, la tierra, el tiempo, el espacio, el universo. Se dice de la *pacha* (mama) que es un organismo vivo, que respira, siente, crea. Tal vez, el contacto con el ritmo vital sea escuchar la respiración de este organismo vivo y, sobre todo, con él/ella, respirar. Y, siguiendo a la socióloga boliviana Silvia Rivera Cusicanqui (s.d.), tal vez en esa respiración en conjunto, en esa respiración colectiva, resida la potencia política de transformación del mundo y de las condiciones de dominación, tal como sucede en una marcha, cuando caminamos juntos, respiramos colectivamente y juntamos ritmos exponenciales.

V

La relación entre el gesto y el cine está, desde el principio, presente en las investigaciones de Agamben y en sus más recientes escritos. En el ya mencionado "Notes on Gesture", el filósofo

---

1. Grabación en audio de la presentación titulada "Rhythm in the work of Gilles Deleuze", realizada el 15 de febrero de 2017, en el seminario *Rhythmanalysis: everything you always wanted to know but were afraid to ask.* Londres. Goldsmiths College.

ve en los estudios precursores de Gilles de La Tourette "una profecía de lo que la cinematografía se convertiría más tarde" (AGAMBEN, 2000, pág. 49). En la misma década en que Muybridge desarrollaba sus investigaciones, utilizando varias cámaras fotográficas, La Tourette usaba el "método de las huellas" para el estudio clínico y psicológico del caminar. Fue la primera vez, dice Agamben, que uno de los gestos humanos más comunes se analizó utilizando métodos estrictamente científicos, siendo el trabajo publicado en 1886. El método consistía en lo siguiente:

> Se clava en el suelo un rollo de papel tapiz blanco de aproximadamente siete u ocho metros de largo y cincuenta centímetros de ancho, y, luego, se lo divide por la mitad a lo largo de una línea dibujada con lápiz. Las suelas del sujeto del experimento fueron rociadas con polvo de sesquióxido de hierro, que las tiñó con un agradable color rojo óxido. Las huellas que dejó el paciente mientras caminaba a lo largo de la línea divisoria permitieron una medición perfecta de la marcha de acuerdo con varios parámetros (longitud del escalón, giro lateral, ángulo de inclinación, etc.). (AGAMBEN, 2000, pág. 50)

Con el método de las huellas, se desarrollaba otra forma de visualidad (hacer visible) del movimiento humano, para comprenderlo, monitorearlo y modularlo. Para Agamben, el cine aparece, así, como una continuidad de este dispositivo (AGAMBEN, 2009) de visualización que busca fijar y rescatar los gestos perdidos y regular los movimientos descontrolados por la industrialización y aceleración capitalista.

Las investigaciones de los arqueólogos Jean Clottes y David Lewis-Williams (Cf. Gil, 2018) sobre las pinturas rupestres, las más relevantes en su campo, entienden las primeras pinturas, dibujos y signos rupestres en las cavernas como el resultado de ceremonias chamánicas ejecutadas bajo el efecto del trance. En estas ceremonias, el chamán entraría en contacto con un "otro mundo" y registraría este pasaje con la pintura de las manos en las paredes. Por lo tanto, las manos serían el registro del contacto a la superficie de las paredes rocosas, y, además, una forma de intentar ese contacto, una forma de atravesar mundos, abrir la pared. A partir de esas investigaciones, José Gil (2018) entiende que el carácter mágico está desde siempre presente en la imagen, nació con ella. De esa dimensión mágica, tal vez haya que subrayar el estado de trance asociado a la imagen, desde su origen.

Mi sugerencia es que el cine es una continuidad de formas de visualidad tal como la menciona Agamben, aunque no estén asociadas a la aparición de la sociedad moderna, en Europa (esa transformación sólo vino a acentuar el intento de rescate no de los gestos perdidos sino de la travesía y el contacto con el ritmo vital). Dicho de otro modo, las huellas de La Tourette serán una continuidad de la visualidad de la travesía, del atravesamiento de mundos que sugieren dichos arqueólogos. Como dispositivo de visualidad, el cine será, por un lado, la imagen grabada a la superficie de la roca – un registro, memoria ritual del atravesamiento – y, por otro lado, es un gesto que busca rescatar el atravesamiento en sí mismo, y así contactar con el ritmo vital.

La película *Gradiva – Esquisse I*, de Raymonde Carasco (1978), evoca el método de las huellas como registro e invitación a la travesía. La película parte del personaje literario con el mismo nombre, una mujer llamada *Gradiva*, de la novela de Wilhelm Jensen, publicado en 1903, que se hizo célebre por el comentario de Sigmund Freud. En la novela, un joven arqueólogo se deslumbró con una imagen bajo relieve de la mujer a punto de caminar y sueña una noche que se cruza con ella en la calle de su casa. *Gradiva* es descrita entera y detalladamente por su gesto de caminar.

La *Gradiva* de Carasco, en este sentido, es bastante fiel a la descripción literaria por filmar demorada y detalladamente sus pies caminando. No hay rostro, ni manos ni tronco, sólo un pie, después otro, los tobillos y una falda blanca cuyo movimiento denuncia el *ralentí* o *slow-motion*. Es tal el detalle con que Carasco filma los pies que caminan, que casi perdemos la noción de que se trata de pies que tocan la piedra y vuelven a despegarse del suelo que antes pisaban. Son siete minutos iniciales en los que no tenemos coordenadas, la música y la imagen son nebulosas, estamos tal vez, en ese momento de deposición de lo familiar, desorientados, en el vacío al que nos hemos referido. Es pura imagen y, al mismo tiempo, deja de ser del orden de lo (audio) visual. Más adelante las imágenes empiezan a ser precisas, cuando tenemos un plano más abierto, que permite ver que se trata de una mujer (o alguien usando una falda), pisando una roca, caminando sobre ella.

El conocimiento y la experiencia inicial de la película, proporcionada por esa imagen tan aproximada y de velocidad tan manipulada que casi está desenfocada, permite que entremos en la travesía, antes incluso de que podamos identificarla como tal. De la misma manera que en la travesía de los Andes había un conocimiento corporal que tanteaba las palabras que organizasen la experiencia, también en la película de Carasco el conocimiento corporal parece ir antes que cualquier entendimiento más "mental". En otras y quizás, más adecuadas, palabras: en la travesía, el tacto parece venir antes que la visión, o, al menos, al mismo tiempo; y el conocimiento es más del orden del sentido ligado a la piel, que de la mirada. Atravesar es también deponer la visión como fuente primaria de conocimiento, en la medida en que convoca a todos los sentidos y opera más allá de la especificidad. Sabemos que ver es ya una forma de tocar, aunque es en el gesto de atravesar que esa amodalidad perceptiva, como le llamaría Hubert Godard (2007), se revela enteramente como experiencia. Atravesar es también una forma de conocer, un gesto epistemológico.

En este punto también la travesía se relaciona con el ritmo, no sólo porque el gesto de atravesar es lo que nos permite contactar con el ritmo vital, sino porque, en sí misma, la travesía es una experiencia rítmica. Siguiendo la investigación de Yi Chen (2015, págs. 53-67), autora de una tesis de doctorado sobre ritmanálisis, la percepción del ritmo opera al nivel de un metasentido: no es específico de un sentido y funciona como una unificación implícita de las diferentes sensaciones y sus contrastes. Esta concepción del ritmo se aproxima a la articulación que Deleuze (2003, pág. 42) establece entre sensación y ritmo, cuando afirma que la experiencia estética sólo es posible cuando la sensación de un dominio específico (por ejemplo, la visión en la pintura) está en contacto con un poder vital que excede cualquier dominio y lo atraviesa; ese poder es el ritmo.

Anochece, y *Gradiva* continúa con el "mismo" movimiento, y es sólo porque anochece que sabemos que el tiempo pasa y que no se trata de la repetición de una misma imagen, sino de la repetición de un mismo movimiento. El gesto de caminar se repite de tal forma que convoca a un estado de casi trance, lo que nos lleva de nuevo a las huellas/manos del chamán en la cueva y evoca a Jean Rouch y su noción de "cine-trance" (ROUCH, 2003). João Mário Grilo (2014), en un artículo sobre el gesto en

Agamben y el cine de Jean Rouch, da cuenta de lo que el cineasta quiere decir cuando habla sobre cine-trance:

> Ahora creo que para las personas que están filmadas, el "yo" del cineasta cambia frente a sus ojos durante el rodaje. Él ya no habla, excepto para dar órdenes incomprensibles ("Acción!", "Corten!"). Ahora los mira solo a través de un extraño apéndice y los escucha solo a través de un micrófono Shotgun. Aunque, paradójicamente, debido a este equipo y a este nuevo comportamiento (que no tiene nada que ver con el comportamiento observable de la misma persona cuando no está filmando), el cineasta puede lanzarse a un ritual, integrarse a este y seguirlo paso a paso [cursivas nuestras] (...) Para los Songhay-Zarma, que está ahora bastante acostumbrado al filmar, mi "yo" se altera ante sus ojos de la misma manera que el "yo" de los bailarines de posesión se altera: es el "film-trance" (cine-trance) del que filma el "trance real" del otro. (GRILO, 2014, pág. 129)

Para Rouch, el cine se posiciona entonces como "un vehículo fronterizo entre mundos diferentes, que también se ofrece como una oportunidad para pasar entre ellos" (GRILO, 2014, pág. 128). A lo que Rouch llama pasaje, tal vez podamos llamarlo travesía, y al atravesamiento de mundos podamos llamarlo de contacto con el ritmo vital. El cine será el registro de una travesía (la mano en trance que deja marcas en la pared de la cueva), al mismo tiempo que performa, que abre la posibilidad de hacer esa travesía; la mano en la roca que intenta empujar a la roca, abriéndola, ligando el cine al trance y al ritual. Para la invocación del estado de trance, la repetición asume un papel destacado (sea repetición de movimientos, gestos, temas musicales, frases, paisajes, diferencias, etc.). Aunque esta repetición asuma en *Gradiva* una centralidad tal que requiere otra explicación, referimos, al menos, una de sus dimensiones más significativas en lo que será su papel en el contacto con el ritmo vital, y que tiene que ver con el hecho de que los rituales implican siempre repetición (BELL, 2009). *Gradiva* tiene una estructura fílmica que sugiere la estructura del ritual, en particular la fragmentación, la monumentalidad y la serialidad.

En *Gradiva*, la travesía es objeto de la película, y también es a través del gesto de filmar que se da la travesía. *Gradiva* se realiza en 1978, un año antes de que Raymonde Carasco y Régis Hébraud filmen *Tarahumaras 78*, una de las muchas películas realizadas durante y a propósito del viaje a México. En ese período que se extendió hasta cerca de 2003, Carasco y Hébraud filmaron sobre todo a la población indígena Tarahumara, teniendo en algunos casos como telón de fondo los fascinantes escritos *México y Viaje al País de los Tarahumaras*, de Antonin Artaud (2004). Al estar en México y en las tierras de los pueblos Tarahumaras, Carasco parece haber desarrollado su propia travesía, poniéndose en contacto con un ritmo vital que se ha confeccionado en estos objetos-películas. A semejanza de los paisajistas chinos, que veían en la pintura del paisaje tanto una forma de transmitir o plasmar el Tao, como una experiencia en sí de unión con este (LINAJE, 2015, pág. 73), también aquí el cine surge como expresión de una travesía y como invitación o puerta abierta a la travesía del espectador. El cine surge como ese ritual que permite atravesar y ser atravesado por el ritmo vital.

En esta, como en otras películas de Carasco en México (por ejemplo, *Divisadero 77*, en la que filmó casi enteramente pies que caminan), hay una gran persistencia en enfocar los pies para observarlos, ya que estas imágenes no solo sugieren el cruce de esas mujeres, sino también, y sobre todo, el cruce de Carasco, como si se intuyera y se encontrara en el movimiento que filmó, la forma o el espejo de su propio movimiento de travesía. El cine de Carasco parece sugerir esta huella (la mano en la piedra, el pie en la piedra), que registra la travesía y el contacto con un ritmo vital, configurado provisoriamente en una película. Al mismo tiempo, la película atraviesa y es atravesada por quien la experiencia; a través de esta, con ella, el que la ve comienza su travesía hacia el contacto con el ritmo vital. El cruce que vemos (y escuchamos) es el cruce que también comenzamos a hacer (tocamos, somos tocados).

La repetición en el cine de Carasco, como en el de Akerman, parece ser el recuerdo de un gesto ritualista, que ante todo permite la travesía y el contacto con el ritmo vital. La repetición pareciera surgir como un resquicio de esta ritualidad, en el intento de rescatar un contacto con el ritmo vital del que se tiene memoria corporal.

VI

De noche, un estacionamiento vacío y el ruido de los automóviles que nunca vemos. Después, ya de día, una ventana abierta que da a los árboles y a algunos coches que pasan velozmente, de vez en cuando, y una música de fondo. Son los primeros planos de la película *D'Est*, de Chantal Akerman, filmada entre 1992 y principios de 1993, sobre todo en Polonia y Rusia, en el año y medio que sigue a la disolución de la Unión Soviética. Con una especie de urgencia histórica, Akerman decidió filmar allí "tant qu'il en est encore temps" (CRARY, 2013, pág. 122), mientras hubiese tiempo o mientras fuese aún posible encontrar y filmar aquellos cotidianos (gestos) ante la sospecha de su inminente transformación.

La travesía comienza, a primera vista, en un estacionamiento totalmente vacío, donde sólo se oye el sonido de coches y camiones en movimiento, para dar lugar luego a los créditos del comienzo, con la ventana abierta al día. Se instala, desde luego, la sensación de umbral que va a persistir durante los 107 minutos de esta película, enmarcada en el género documental. Mirando el parque vacío o instalados en la ventana, la sensación que pronto se insinúa es la de que estamos siempre a punto de partir, aunque sepamos que es una partida que no tiene, ni promete tener, una llegada definitiva, recurriendo a las palabras de Jean-Luc Nancy (2016, pág. 31). La travesía requiere la inminencia de la partida.

No es por casualidad que los registros de video que hice durante el ritmanálisis en la región andina sean, casi en su totalidad, hechos a partir de transportes públicos, llegando a una nueva población o dejando otra. Lo que allí filmaba era, ciertamente, el propio transporte y sus singularidades, aunque también lo que estaba más allá del transporte, en las calles, en las rutas, etc. Pero, sobre todo, lo que es posible ahora percibir es que filmaba siempre la inminencia de la partida y de la llegada, el tercer margen, la travesía. Filmaba la travesía no como objeto o tema, sino que, al filmarla, la atravesaba. El *traveling* (esta especie de caminata oblicua, transversal) se trató del medio que no sólo filmaba la travesía, sino que también la proporcionaba o la revelaba.

En *D'Est* están presentes varios otros motivos que atraviesan las películas de Akerman, aunque parece no haber otras en las que el *traveling* tenga una centralidad tal (y no se trata de que haya más *travelings*, esta apreciación es sobre todo cualitativa). Posiblemente, el protagonismo que ganan los *travelings* se deba a la larga duración de los planos o al movimiento lento de la cámara que hace que su presencia sea más intensa, en la experiencia de la película. Además, la intensidad parece ser mayor en los *travelings* porque lo que vemos, la mayoría de las veces, son personas en filas esperando transportes públicos[1], lo que parece acentuar la duración y la intensidad de la experiencia del tiempo de los planos.

Nos hace pensar en *El hombre de la cámara*, de Dziga Vertov (1929), que como *D'Est*, también está filmada en Rusia y desde transportes en movimiento, aunque *D'Est* sea una versión significativamente más lenta. La principal relación que, quizás, se puede establecer entre estas dos películas tiene que ver con ese juego constante entre las diferentes capas del gesto de filmar: la cámara que filma al hombre con la cámara que filma, los espectadores (nosotros) que ven a los espectadores ver lo que la cámara filmó (¿cuál de las dos?). En Akerman, este espejo es más sutil o, al menos, diferido.

Tenemos conciencia de la cámara cuando, en los *travelings*, vemos a las personas filmadas mirar a la cámara que filma (el gran ojo), pero sobre todo mirando como quien mira los "pies de la cámara". Posiblemente, esta sea una perspectiva antropomórfica, pero esta noción de los "pies de la cámara" aparece ligada a una sensación vivida como espectadora. Cuando las personas en el film miran a un nivel inferior al de la lente de la cámara, la sensación del espectador es que miran directamente a nuestros pies; sólo después pensamos que miran la cámara y, por contaminación de ideas y sensaciones, pensamos que miran los "pies de la cámara". La cámara deja su huella y, como la diosa de Balzac en su tratado sobre la marcha, "se revela en su caminar". Mejor dicho, tal vez la diosa se revele en su huella, registro de su caminar, de su presencia y desaparición; registro del contacto con el ritmo vital y de su pérdida, de la que intenta rescatarse.

La imagen cinematográfica parece entonces surgir como la huella impresa en la superficie del mundo-roca, registro de un contacto con el ritmo vital y, simultáneamente, gesto que busca atravesar esa superficie rocosa, los mundos. *El hombre de la cámara* remata con una imagen de un ojo enorme que vemos al

---

1. Como dice Crary, "la espera es una dimensión central en *D'Est,* y esta expectativa es, a su vez, something essential to the experience of being together, to the tentative possibility of community. (…) The suspended, unproductive time of waiting, of taking turns, is inseparable from any form of cooperation or mutuality." (CRARY, 2013, pág. 123)

final, y si pensamos en *D'Est* y en la travesía, en el lugar de ese ojo paradigmático, posiblemente aparecerían pies, sus huellas. De algún modo, cuando la persona filmada mira a la cámara, el espectador se siente mirado, pero cuando el que es filmado mira "los pies de la cámara", es al propio cine al que mira.

Bibliografía

AGAMBEN, G. (2000). *Means without end. Notes on politics.* (T. V. Casarino., Trans.) Minessota: Minneapolis/Londres: University of Minnesota Press.

AGAMBEN, G. (2005). *El hombre sin contenido.* Barcelona: Altera.

AGAMBEN, G. (2009). *O que é o contemporâneo? e outros ensaios.* (T. V. Honesko., Trans.) Chapecó: Argos.

AGAMBEN, G. (2017). *Los usos de los cuerpos.* (T. R. Molina-Zavalía., Trans.) Buenos Aires: Adriana Hidalgo.

AGAMBEN, G. (2018). Por uma ontologia e uma política do gesto. *Caderno de leituras n.º76. Trad. Vinícius Honesko.* Chão da Feira.

ARTAUD, A. (2004). *México y Viaje al país de los tarahumaras.* México D.F.: Fondo de Cultura Económica.

BACHELARD, G. (1963). *La dialectique de la durée.* Paris: Les Presses universitaires de France. .

BAPTISTA, P. (2010). *O filósofo fantasma.* Sintra: Zéfiro.

BARRETTA, C., MIRAMONTES, L., & ZORRILLA, A. (2013). *Ritmando Danzas. Análisis Rítmico de la Danza.* Buenos Aires: Autores de Argentina.

BELL, C. (2009). *Ritual: Perspectives and Dimensions (Revised Edition).* Cary: Oxford University Press.

BENVENISTE, E. (1966). La notion de rythme dans son expression linguistique. *Problèmes de linguistique générale*, 133.

BORGHI, S. (2014). *La casa y el cosmos. El ritornelo y la música en el pensamiento de Deleuze y Guattar.* Buenos Aires: Cactus.

CHEN, Y. (2015). Murmuring in the Waves: A Rhythmanalysis of the 1970s' Conjunctural Shift in Britain. *Tese de doctorado en Estudios Culturales.* Universidad de Sussex.

CRARY, J. (2013). *24/7: Late Capitalism and the Ends of Sleep.* Londres/ Nueva York: Verso.

DELEUZE, G. (2003). *Francis Bacon: The Logic of Sensation.* Londres: Continuum.

DELEUZE, G., & GUATTARI, F. (1980). *Milles plateaux.* Paris: Éditions de Minuit.

DUFRENNE, M. (2004). *Estética e Filosofia.* São Paulo: Perspectiva.

ESTERMANN, J. (2006). *Filosofía Andina: sabiduría indígena para un mundo nuevo.* La Paz: ISEAT.

FRAISSE, P. (1976). *Psicología del ritmo.* Madrid: Ediciones Morata.

GIL, J. (2016). *Ritmos e Visões.* Lisboa: Relógio D'Água.

GIL, J. (2018). *Caos e Ritmo.* Lisboa: Relógio D'Água.

GODARD, H. (2007). El gesto y su percepción. *Estudis escènics quaderns de l'Institut del Teatre de la Diputació de Barcelona,* 335-343.

GRILO, J. M. (2014). Propositions for a Gestural Cinema: On "Ciné-Trances" and Jean Rouch's Ritual Documentaries. In H. &. GUSTAFSSON, *Cinema and Agamben. Ethics, biopolitics and the moving image.* Nueva York: Bloomsbury.

GUIMARÃES ROSA, J. (1988). *A terceira margem. Primeiras Estórias.* Rio de Janeiro: Editora Nova Fronteira.

LEFEBVRE, H. (2004). *Rhythmanalysis. Space, Time and Everyday Life.* Londres / Nueva York: Continuum.

LINAJE, M. G. (2015). El ritmo en el arte chino antiguo como constructo vital. In T. C. AIZPúN, *Ritmo. El pulso del arte y de la vida.* Madrid: Abada.

MAUSS, M. (1979). Body techniques. In M. MAUSS, *Sociology and psychology: essays* (pp. 97-123). Londres: Routledge & Kegan Paul.

MESCHONNIC, H. (1982). *Critique du rythme.* Lagrasse: Verdier.

MICHON, P. (2007). *Les rythmes du politique. Démocratie et capitalisme mondialisé.* Paris: Les Prairies ordinaires.

NANCY, J.-L. (2016). *Qué significa partir?* Buenos Aires: Capital Intelectual.

PITA, A. P. (1997). Constituição da problemática filosófica de Mikel Dufrenne. *Revista Filosófica de Coimbra.*

PORTANOVA, S. (2017). *Rhythm in the work of Gilles Deleuze.* Retrieved 12 10, 2019, from Rhythmanalysis: everything you always wanted to know but were afraid to ask: http://generic.wordpress.soton.ac.uk/rhythmanalysis/seminar/
RANCIÈRE, J. (2002). *O mestre ignorante. Cinco lições sobre a emancipação intelectual.* Belo Horizonte: Auténtica.
ROUCH, J. (2003). On the Vicissitudes of the Self: The Possessed Dancer, the Magician, the Sorcerer, the Filmmaker, and the Ethnographer. In S. Feld, *Ciné-Ethnograph* (pp. 87–101). Minneapolis: Minneapolis University.
SAUVANET, P. (1996). Le rythme et la raison. Une approche philosophique des phénomènes rythmiques. Tese de doctorado en Filosofía presentada a la Universidad de Bourgogne – Dijon.
SCOLIERI, P. (2013). *Dancing the New World – Aztecs, Spaniards and the Choreography of the Conquest.* Austin: University of Texas Press.

Sobre el concepto de episteme del ritmo

Pascal Michon[1]

En un libro publicado en 2010, *Die Form des Werdens: Eine Kulturgeschichte der Embryologie – 1760-1830*, (*La Forma de Devenir: una Historia Cultural de la Embriología*), Janina Wellmann afirma que alrededor de 1800 el concepto de ritmo emergió y penetró la totalidad de la cultura occidental. En literatura, en la reflexión teórica en arte, en filosofía, y sobre todo en las nuevas ciencias de la vida, el ritmo se convirtió, argumenta, en un "Paradigma" científico común o aún mejor, en una nueva "Episteme" (WELLMANN, 2010).

Wellmann afirma que, luego de un lento desarrollo durante la segunda mitad del siglo XVIII, el concepto de ritmo se extendió súbitamente alrededor de 1800, en primer lugar, en fisiología, cuando en los experimentos de Johann Christian Reil sobre los nervios y las fuerzas vitales (1796) e Ignaz Döllinger sobre la secreción (1819), hicieron del 'ritmo' un aspecto crucial de la operación del organismo. Esta extensión fue acompañada, alrededor del mismo período, por una expansión análoga del concepto de ritmo en el trabajo de los poetas, teóricos de la poesía como Klopstock, Hölderlin, Moritz, Novalis, A.W. Schlegel, Schelling, y también algunos teóricos de la música. El vínculo entre las artes, la poesía y la ciencia de la vida estaba, según ella, encarnado en Goethe que estaba interesado tanto en el ritmo poético como en el del

1. Filósofo e historiador. PhD en Historia, École des Hautes Études en Sciences Sociales – EHESS, París, y en Filosofía, Escuela Normal Superior de Lyon. Creador y moderador del sitio web y la editorial RHUTHMOS, ambos dedicados a estudios rítmicos.

Agradezco a Aníbal Zorrilla quien tradujo este texto del inglés al español y también para su presentación durante *IV JIRA Jornadas Internacionales Ritmo En Las Artes : Ritmo, Poetica y Espacio*. Universidad Nacional de las Artes – (UNA) Departamento de Artes Dramáticas, desarrolladas en el Centro Cultural General San Martín, septiembre de 2018, Buenos Aires, Argentina (N. del A.)

crecimiento de las plantas. Publicó en 1790, por ejemplo, un *Ensayo para Explicar la Metamorfosis de la Plantas*. Brevemente, de acuerdo con Wellmann, posteriormente a 1800 una "Episteme del Ritmo" habría dominado completamente el conocimiento y la expresión artística de Occidente.

Ya mostré las principales razones por las cuales se puede cuestionar la relevancia histórica de esta fantástica tesis (MICHON, 2018b, cap. V). La afirmación de Wellman tiene demasiados defectos graves y debe ser rechazada:

1. No toma en cuenta en absoluto la contribución anterior y bastante antigua de la medicina a la difusión del concepto de ritmo, la cual está ahora bien documentada (MICHON, 2018a; 2018b).

2. Tampoco menciona las contribuciones notables de los especialistas en música que estaban prestando nueva atención al ritmo, al menos desde el siglo XVII.

3. Carece de fundamentos fácticos, por decir lo menos: de hecho, el término ritmo nunca se usó – como la evidencia reunida por la propia Wellmann muestra convincentemente – por los especialistas de las nuevas ciencias de la vida. Su único uso estaba en realidad relacionado con la medicina, pero ella extrañamente no lo menciona.

4. El concepto de ritmo de Wellmann es demasiado impreciso, ya que lo identifica con las nociones de serie, ciclo y período, que son solo una forma de concebir el ritmo y, como veremos, no la más interesante.

5. Por último, pero no menos importante, la afirmación de Wellmann de la existencia de una episteme general del ritmo durante la primera mitad del siglo XIX ignora el conflicto agudo que estalló, en estos mismos años, entre las ritmologías poéticas y artísticas, inspiradas por los puntos de vista neo-heraclitano, neo-democritano y neo-aristotélico, y la ritmologías médicas, biológicas, métricas o filosóficas, que rápidamente establecieron su predominio basadas en modelos neo-platónicos.

El predominio de la métrica

Lejos de estar bajo el dominio de un concepto de ritmo comúnmente aceptado, las últimas décadas del siglo XVIII y los primeros años del siguiente fueron testigos de una feroz lucha entre poetas, teóricos de la poesía, especialistas en lenguaje, por un lado, y metristas, especialistas en estética y filósofos idealistas, unidos (aunque no directamente) por médicos, por el otro. Debido al progreso de las nuevas métricas iniciadas por Gottfried Hermann y las filosofías Idealistas de Schelling y Hegel, que convergieron con el progreso realizado en medicina, embriología y fisiología, las contribuciones aportadas por los filólogos y poetas de las décadas anteriores (Moritz, Schiller, Goethe, Schlegel, Hölderlin) fueron rechazadas y colocadas en un segundo plano. Desde 1800-1805 hasta mediados de la década de 1850, la reflexión sobre el ritmo, con muy pocas excepciones como la de Humboldt, ya no estaba irrigada por la experiencia artística, sino que estaba sujeta a las ciencias médicas y naturales, las teorías métricas abstractas y las filosofías idealistas.

Esta corriente reaccionaria, (la llamo reaccionaria porque, con la excepción de la medicina, por supuesto, estaba claramente relacionada con el restablecimiento de los poderes autoritarios en toda Europa), duró hasta mediados de siglo cuando nuevamente se vio desafiada por una oleada de nuevos experimentos artísticos. He estudiado las contribuciones de Baudelaire, Wagner, Hopkins y, por último, Mallarmé: todas muestran un deseo de rechazar el concepto métrico y filosófico del ritmo, basado en la idea platónica del "orden numérico de movimiento" y desarrollar nuevas ideas rítmológicas basadas en experiencia artística real. Para decirlo en pocas palabras, diría que los artistas estuvieron a la vanguardia de una nueva ofensiva materialista y democrática contra las visiones del mundo idealistas y autoritarias que se habían impuesto durante la primera mitad del siglo XIX (MICHON, 2018b).

Sin embargo, para comprender completamente lo que estaba en juego durante estos años, se debe retroceder al período más antiguo de la cultura occidental cuando se formó el concepto del ritmo. Al hacerlo se verá claramente que la acepción del término ritmo, que hoy en día es la más extendida, es en realidad solo una interpretación del concepto original y no la más útil, por decir lo menos, para los artistas.

El ritmo antes de la métrica

En un artículo famoso, Émile Benveniste ha demostrado que la palabra ῥυθμός *(rhuthmós)* se usaba comúnmente del siglo VII al IV a. C. en la lírica griega y la poesía trágica, así como en la prosa, y que se convirtió en un término técnico solo con los antiguos filósofos jonios, especialmente los creadores del atomismo, Leucipo (siglo V antes de Cristo) y Demócrito (aproximadamente 460-c. 370 a. C) (BENVENISTE, 1951).

De todos los usos identificados de la palabra *rhuthmós* entre poetas líricos, trágicos y filósofos, Benveniste concluye que significó, al menos desde el siglo VII (BENVENISTE , 1951, pág. 330), "forma", σχῆμα *(skhêma).* Los verbos relacionados como ῥυσμῶ, μεταρρυσμῶ, μεταρρυσμιζῶ *(rhusmô, metarrusmô, metarrusmizô)* significan igualmente "formar" o "transformar física o moralmente a alguien o algo".

Pero Benveniste señala que en griego antiguo había varios otros términos que significaban "forma" y que *rhuthmós* debía de alguna manera diferir de ellos. Para demostrarlo, pasa de su estudio de los usos léxicos a la morfología y la etimología, un movimiento que le permite introducir una idea revolucionaria: la desinencia –(θ)μός *(–(th)mós)* "no designa el cumplimiento de la noción sino la modalidad particular de su cumplimiento".

En otras palabras, (Benveniste no elabora este punto, pero lo hace bastante obvio), *rhuthmós* es un concepto de *forma* completamente opuesto al de Platón. Un *rhuthmós* no es una "Forma", una 'Idea', un εἶδος *(eîdos),* sino una forma "tal como se presenta a los ojos" del observador. Lejos de ser parte del mundo externo, pertenece al mundo fenoménico o empírico. Además, no es fijo, inmóvil y eterno; tiene vida propia. No "designa el cumplimiento de una noción sino la modalidad particular de su cumplimiento". Esa es la razón por la cual es "apropiada para el patrón de un elemento fluido" y comúnmente denota una "forma improvisada, temporal y cambiante".

Benveniste, todavía sin referirse directamente a las Formas Platónicas, enfatiza el significado filosófico del término *rhuthmós.* De hecho, designó el concepto más común de forma en la escuela jónica, es decir, *antes de que Platón impusiera su propio concepto.* En este sentido, sigue siendo una herramienta muy poderosa contra el idealismo.

Así, antes de Platón, *rhuthmós* significaba "una disposición temporal de algo que fluye", o más profundamente, de acuerdo con el análisis morfológico de Benveniste, "una forma particular de fluir" o "una modalidad particular de cumplimiento de una acción". Aunque ha sido largamente olvidado, esta última acepción del término es la más interesante para nosotros.

Las últimas páginas del artículo de Benveniste están dedicadas al problema de cómo desapareció este concepto particular de forma. Y la respuesta es bastante simple: es Platón quien es responsable del cambio semántico del término *rhuthmós* hacia su significado actual, como un desarrollo colateral del de *Forma* que fue de alguna manera *reemplazado*.

Hay pasajes en el *Banquete* (c. 385-370 a. C.) y en el *Filebo* (360-347 a. C.), que se refieren a *rhuthmós*, pero el más innovador está en *Las Leyes* (360-347 a. C.) donde Platón explica que los hombres jóvenes son ardientes, pero que pueden "alcanzar un sentido de orden" (τάξις – *táxis*), que es un privilegio humano. Este "orden de movimiento" se llama "ritmo", mientras que el "orden de la voz" se denomina "armonía".

El nuevo significado de ritmo surgió en los diálogos platónicos a mediados del siglo IV a. C. El *rhuthmós* que anteriormente se consideraba como una disposición efímera de algo variable, una "forma improvisada, temporal, cambiante" o una "forma de fluir", se convirtió en "una secuencia ordenada de movimientos" sujeta a "numeración" y "división en tiempos alternos". Fue completamente subyugado por el *métron*, es decir, "aquello por lo que todo se mide", ya sea una regla, una medida de contenido, de tamaño, una medida o un límite (Liddell-Scott-Jones, *Greek-English Lexicon*). Además, estas formas naturales que eran cognoscibles a través de los sentidos, es decir, la observación científica o artística, consistirían ahora en reflejos más o menos perfectos de las Formas trascendentes y serían juzgadas consecuentemente a través del intelecto. En resumen, las *formas* democritanas serían borradas por los siguientes siglos por las *Formas* platónicas.

La innovación platónica cambia radicalmente el significado del término *rhuthmós* y lo dota con el poder universalizante de los números y las matemáticas. Como todo lo que tiene una cierta duración puede organizarse regularmente en una sucesión de tiempos alternos, el modelo rítmico – que es fundamentalmente un modelo métrico en el sentido matemático – se vuelve aplicable a cualquier fenómeno que se desarrolle en el tiempo (BENVENISTE, 1951, pág. 335).

Con Platón comienza "esta vasta unificación del hombre y la naturaleza bajo la consideración de tiempos, intervalos y retornos idénticos" por los cuales Benveniste comenzó su artículo. Un paradigma rítmico cósmico y matemático, uno de los apoyos más sólidos del idealismo, está ahora en marcha y se desarrollará con filósofos neoplatónicos como Plotino (206-270 d. C.) o Boecio (480-524 d. C.), teólogos como Agustín (354-430 d. C.) o pensadores más modernos como Novalis, Schelling, Steiner y muchos otros.

El ritmo visto desde la poética

Siguiendo las intervenciones opuestas de los materialistas democritanos y los idealistas platónicos, el concepto de *rhuthmós* fue reformulado por Aristóteles en la segunda mitad del siglo IV. a. C., en su *Poética*. Nadie puede negar que, en este ensayo, Aristóteles presta más atención al personaje y la historia que al ritmo y la melodía. Está claro que el poeta debe ser, según él, un "creador" no de versos sino de historias, ya que él es poeta en virtud de su "representación", y lo que él representa es acción. (*Poética*, 1451b). Esta primacía de la narración es un hecho muy conocido y ya se ha escrito mucho al respecto, pero me gustaría destacar otro aspecto de la *Poética* que se ha notado con menos frecuencia. Para responder a la pregunta poética central – la del valor de las obras artísticas –, Aristóteles comienza sorprendentemente comparando los medios utilizados por las principales artes escénicas de su época. La poesía ditirámbica, el drama trágico y la comedia, dice, representan experiencias, acciones y personajes a través del ritmo, la melodía y el lenguaje; la ejecución de la flauta o el arpa a través del ritmo y la melodía; la danza solo a través del ritmo (*Poética*, 1447a).

Esta comparación generalmente se interpreta como afirmando que el arte (cualquiera que sea su tipo y sin olvidar la pintura, de la que Aristóteles habla con alta valoración en otros pasajes) se basa en la *mímêsis* (representación). Pero con menos frecuencia se ha notado que también muestra indudablemente que, según Aristóteles, el *rhuthmós* es el denominador común de todas las artes escénicas y, por esa misma razón, el principal medio de la *mímêsis* misma. Técnicamente hablando, como "el arte que emplea palabras", "la poesía en sí misma" se opone ciertamente a la danza y la música. Pero genéticamente, enfatiza Aristóteles, la poesía en su forma más completa, es decir, la tragedia, se deriva de la danza y la canción. Además, dado que utiliza el ritmo y la melodía, también es claramente similar a estas últimas y puede considerarse como un tipo de baile y música que se interpreta en el lenguaje, o la ejecución del ritmo y la melodía con las palabras.

En este caso, el punto de vista de Aristóteles es diametralmente opuesto al de Platón: mientras que el segundo veía los ritmos miméticos como extremadamente peligrosos y el arte como una actividad traicionera que debería ser estrictamente controlada por el Estado, el arte aparece en Aristóteles como esencialmente liberador y el ritmo como la base más profunda y sólida de la *re-presentación*, es decir, dotada de efectos éticos y políticos positivos y, por lo tanto, como uno de los conceptos principales de la poética.

Vale la pena notar, aquí, que el placer proporcionado por esta re-presentación no es estético en el sentido moderno de la palabra, es decir, no está relacionado con nuestra sensibilidad. Es claramente intelectual, cognitivo. Roselyne Dupont-Roc y Jean Lallot han argumentado convincentemente que cualquier trabajo mimético devela una *forma específica* (*idían morphèn*, 1454b 10) al desenredarlo de la materia con la que está asociado en la naturaleza. El artista revela la causa formal del objeto y proporciona al intelecto la oportunidad de una actividad *sui generis*, un razonamiento sobre la causalidad que se acompaña con un tipo de placer que es a la vez placer de maravillarse (θαυμάζειν – *thaumázein*) y el de aprender (μανθάνειν – *manthánein*). (DUPONT-ROC & LALLOT, 1980, pág. 164).

Sin embargo, Roselyne Dupont-Roc y Jean Lallot afirman que, dado que este placer es intelectual, se relaciona exclusivamente con el argumento (*muthos*) "que es la parte representativa de la obra por excelencia", mientras que el ritmo y la melodía parecen dejarse de lado por Aristóteles basado en que no tienen "virtudes representativas independientes" (DUPONT-ROC & LALLOT, 1980). Pero incluso si hiere nuestras creencias más firmes, que ponen el ritmo en el lado estético, debemos considerar el ritmo y la melodía como participantes en el placer intelectual dado por la *re-presentación* y la *re-cognición*. Ambos son agentes genuinos de la *mimêsis*. Pero también ocurre lo contrario: *también debemos considerar este placer intelectual como el que involucra los sonidos y ritmos del habla.* Y esto no es sorprendente ya que Aristóteles ya advirtió en la *Retórica* que el discurso no solo involucra argumentos sino también maneras de elocución: voz, pronunciación, tono, tempo, etc. Esta función dada al ritmo y la entonación en los efectos complejos inducidos por la poesía es otra innovación aristotélica revolucionaria que sin duda debe tenerse en cuenta frente a un gran número de concepciones contemporáneas que aún no la reconocen.

En el capítulo 6 de la *Poética* hay un pasaje que constituye una fuerte evidencia a favor de esta teoría. Aristóteles compara el ritmo y la entonación con los "condimentos" del lenguaje *[hêdusménôi lógôi]*.

La tragedia es, entonces, una representación de una acción que es heroica y completa y de una cierta magnitud, por medio del lenguaje [condimentado con todo tipo de especias] *[ἠδυσμένῳ λόγῳ – hêdusménôi lógôi]*, cada una utilizada separadamente en las diferentes partes de la ejecución: [...] Por "lenguaje sazonado con especias" me refiero a lo que tiene ritmo y melodía, es decir, canto, *[λέγω δὲ ωδυσμένον μὲν λόγον τέχν ἔχοντα ῥυθμὸν καὶ ἑρμονίαν [καὶ μέλος] – légô dè êdusménon mèn lógon tòn ékhonta rhuthmòn kaì harmonían [kaì mélos]]* y por 'los tipos por separado' quiero decir que algunos efectos son producidos solo por el verso y algunos también por el canto. (*Poética*, 1449b, trad. WH. Fyfe, cambios míos)

Literalmente, el verbo *hêdunô* significa "hacer placentera", pero el sustantivo *hêdusma* que se aplica más abajo a la música (1450b 16) significa (como en Aristófanes, Platón o Jenofonte) *"lo que da gusto o aroma, condimento, salsa"*, y en plural *"especias, aromáticos"*. Roselyne Dupont-Roc y Jean Lallot subrayan correctamente que esta metáfora es una novedad, pero concluyen, equivocadamente en mi opinión, que "los elementos melódicos y rítmicos *(harmonía – rhuthmòs)* se presentan, así como especias que, cuando se agregan al lenguaje, le dan encanto/atractivo". Ven en esta metáfora una evidencia para una teoría dualista del lenguaje poético (DUPONT-ROC & LALLOT, 1980, pág. 194).[1]

Prefiero sugerir que esta metáfora intenta transmitir una visión no dualista del lenguaje poético y tal vez del lenguaje mismo. Mientras que los "ornamentos" son adiciones superficiales a una "estructura" subyacente inmutable como en la arquitectura o en la retórica, la metáfora culinaria del "condimento" evoca una mezcla poética perfecta donde es precisamente imposible distinguir entre el material básico, el "lenguaje desnudo" y las "adiciones". Además, uno no puede dejar de notar que la comparación de la cocina vincula el lenguaje poético con el cuerpo y especialmente con la boca, donde las palabras se articulan tanto como se saborean. Gracias a su ritmo y entonación, la poesía sabe cómo una buena comida.

Esto tiene una enorme importancia: quizás por primera vez en Occidente, el lenguaje se observa desde un punto de vista poético no dualista o, mejor aún, desde la poética, que se aparta de una visión filosófica pura y, anticipadamente, desde muchos puntos de vista lingüísticos modernos. Después de un largo período de olvido científico, esta perspectiva revolucionaria resurgirá en el siglo XVIII y volverá a poner el lenguaje en línea con el cuerpo.

Modernidad *rítmica* vs. Mundo moderno

Ahora comprendemos mejor el significado de la lucha que se desarrolló en la segunda mitad del siglo XVIII y finalmente estalló en las primeras décadas del siglo XIX.

A través de las obras de Diderot, en Francia, luego en Moritz, Goethe, Wilhelm Schlegel, Hölderlin, en Alemania, luego en Baudelaire, Wagner, Hopkins y Mallarmé, en la segunda mitad del siglo XIX, el *paradigma poético aristotélico* regresó al primer plano, y demostró la pobreza de las concepciones idealistas opuestas del ritmo – lo que podemos llamar el *paradigma métrico platónico* – que había gobernado continuamente sobre Occidente desde los primeros siglos d. C. y estaba

---

1. Mi traducción. (N. del A.)

cobrando impulso a través de las obras de Novalis, Hegel y Schelling y sus innumerables seguidores.

Además, en algunos casos, como en Diderot y Goethe, la perspectiva aristotélica se fusionó con el más antiguo *paradigma materialista democritano*. El ritmo no era solo el elemento fundamental del arte, lo que le da su "sabor", sino que era también una "forma de fluir" específica de cualquier realidad y, por extensión, de cualquier medio artístico. No era principalmente una organización aritmética de la duración a través de la segmentación, incluso, naturalmente, si una forma aritmética de fluir pudiera ser parte de la formación de un ritmo específico.

Notablemente, la mayor parte de lo que ahora podríamos llamar intuiciones *rítmicas* fueron producidas por artistas; los filósofos y los sociólogos llegaron al *rhuthmos* solo un poco más tarde. La única excepción a esta regla es Nietzsche, quien especialmente entre 1868 y 1875 se benefició de su intensa reflexión sobre el arte, especialmente la música y la poesía wagneriana, pero también su extensa investigación sobre ontología presocrática y sus apasionados estudios filológicos de literaturas e idiomas antiguos (MICHON, 2018b).

Esta precocidad de artistas, especialmente poetas, es bastante desconcertante, pero puede tener algo que ver con su dedicación absoluta a la *actividad* del lenguaje, a los problemas y visiones que plantea, pero también, sin duda, con su sensibilidad particular al *cambio* rápido en las sociedades europeas que ocurrieron después de 1850. Como lo expresó claramente Baudelaire, al deshacerse de las limitaciones tradicionales específicas de sus artes, principalmente las reglas métricas, estos artistas querían "adaptar" mejor su poesía, ya sea "a los impulsos líricos del alma, las ondulaciones de la ensoñación, las burlas de la conciencia", y a la agitada vida en las "grandes ciudades" y "la mezcla de sus innumerables interrelaciones" que se estaban desarrollando en ese momento.

Estoy de acuerdo en esto con Walter Benjamin: además y tal vez más allá de la voluntad de producir nuevos efectos estéticos haciendo participar mucho más en la música al azar, continuidad e imprecisión, y en la poesía a la desigualdad, irregularidad y sugestión, el objetivo principal de la nueva búsqueda *rítmica* era encontrar equivalentes artísticos a la nueva libertad ganada por los individuos, al flujo más regular de la vida social, pero también a los constantes desregulaciones rítmicas y choques incesantes que esta libertad conllevaba en las sociedades industriales emergentes y en los nuevos monstruos urbanos (MICHON, 2016).

Naturalmente, después de 1860, debido a su adaptación especialmente buena a la nueva situación social, los modelos de ritmo métrico, filosófico y científico continuaron extendiéndose, pero no sin adversarios. La concepción *rútmica* del ritmo se convirtió durante muchos años en una verdadera fuerza crítica que, a pesar de sus aspectos subterráneos, su gran fragilidad y en ocasiones su ambigüedad – en Wagner, por ejemplo – ha sido muy influyente. Mientras la filosofía métrica, idealista y la ciencia de la vida, colonizada en parte por esquemas mecanicistas, reflejaban y participaban fielmente en el establecimiento del llamado *Mundo moderno*, es decir, un sistema rígido de poder y clase, las prácticas y concepciones artísticas dieron lugar y popularizaron una nueva *Modernidad rútmica*, es decir, un conjunto de formas originales pero compartibles de desplegar el habla, hacer fluir el cuerpo y organizar el funcionamiento de la sociedad, que estaban en desacuerdo con los del último mundo industrial y capitalista.

Bibliografía

BENVENISTE, E. (1951). "La notion de rythme dans son expression linguistique" in *Problèmes de linguistique générale*. 1966. Paris:Gallimard.

DUPONT-ROC, R. &. LALLOT, J. (1980). *Aristote – La poétique. Textes, traduction, notes*. Paris: Le Seuil.

MICHON, P. (2016). *Rythme, pouvoir, mondialisation*. Paris: Rhuthmos.

MICHON, P. (2018a). *Elements of Rhythmology. I. Antiquity*. Paris: Rhuthmos.

MICHON, P. (2018b). *Elements of Rhythmology. II. From the Renaissance to the 19th Century,*. Paris: Rhuthmos.

WELLMANN, J. (2010). *Die Form des Werdens: Eine Kulturgeschichte der Embryologie, 1760-1830*. Göttingen: Wallstein.

El ritmo en el arte, forma y sentido

Aníbal N. Zorrilla[1]

(La actividad estética) es una actividad corporativa que no pertenece a una persona si no a una comunidad. Es ejecutada no solamente por el hombre que nosotros de manera individualista llamamos *el artista,* si no parcialmente por todos los otros artistas de los que nosotros hablamos como "sus influencias", cuando en realidad lo que queremos decir es que colaboraron con él. En el caso de las artes de la performance, la ejecución no es realizada solamente por este cuerpo corporativo de artistas sino también por los ejecutantes quienes no están simplemente actuando bajo las órdenes del artista, sino que están *colaborando con él para producir el trabajo final.* Y aún entonces la actividad de la creación artística no está completa; para esto debe haber una audiencia cuya función no es simplemente receptiva sino también colaborativa, (traducción mía) "The Artist and the Community", de R. G. Collingwood (TILLMAN & M., 1969, pág. 495).

El significado en la música

Ya a comienzos del siglo XX la teoría de la Gestalt había llamado la atención sobre el papel activo que tenía la percepción humana en la conformación del objeto percibido. Según esta teoría la percepción es un proceso de extracción y selección de información relevante encargado de generar un estado de conciencia que permita el desempeño eficaz del sujeto dentro del mundo en el que vive. Así, la percepción no es una actividad pasiva sino que activamente organiza el mundo en un permanente acto de conceptualización; los eventos del mundo son organizados a través de categorías que se encargan de encontrar una

1. Pianista y compositor. Es Jefe de Trabajos Prácticos en el Departamento de Artes del Movimiento de la Universidad Nacional de las Artes, Buenos Aires. Dirige el Equipo de Investigación en Tecnología Aplicada a la Danza, InTAD y el Equipo de Investigación sobre el Ritmo en el Arte, EIRA.

cualidad que representen de la mejor manera posible a los objetos.

Leonard Meyer, en su trabajo más influyente, *Emotion and Meaning in Music* (1957), se basa en la Teoría de la Gestalt y en las ideas de Susanne Langer (1953), Charles Sanders Peirce y John Dewey (1894) para elaborar una explicación sobre la existencia de emoción en la música. También acude, si bien no lo nombra en esta obra y lo hace en otra posterior (MEYER, 1967), a la teoría de la información formulada por C. Shannon y W. Weaver en *"The Mathemetcal Theory of Communication"*, de 1949. Según José Luis Turina, su traductor al castellano,

> … esta obra supone el primer intento de aplicación a la música de la teoría de la *Gestalt*, inicialmente formuladas a partir de la percepción visual y principalmente aplicadas, por tanto, a las artes plásticas. Sin embargo, el intento de Meyer no se preocupa tanto de los aspectos perceptivos del hecho musical, considerados éstos como un fin en sí mismo, como de la forma en que estos inciden en la experiencia estética afectiva del oyente, originando un complejo mundo de sensaciones psíquicas a las que denominamos, genéricamente, *emoción*, que, a su vez, confieren a las diferentes situaciones musicales un *significado* concreto. (MEYER, 2001, pág. 13)

Pero Leonard Meyer no se detiene en la teoría gestáltica. Ésta tiene por objeto prioritario el estudio de la percepción sincrónica de una forma; por el contrario la teoría de la información nombrada más arriba se centra en la comunicación de mensajes diacrónicos, en los que cada acontecimiento contiene más o menos información en función de su mayor o menor predictibilidad a partir del acontecimiento anterior. De manera que la teoría de la información incorpora la dimensión temporal al estudio de la forma, lo que permite analizar desde su punto de vista el fenómeno musical, cuyos acontecimientos pueden ser caracterizados en términos de *"probabilidad"* e *"incertidumbre"*.

Embodied meaning

Meyer postula que los debates pasados sobre la música y las emociones se han centrado casi exclusivamente en la manera en que la música puede hacer referencia al mundo de las imágenes, conceptos, experiencias o estados emocionales. Si bien afirma que la música es a veces capaz de hacer esas referencias, cree que los fenómenos afectivos principales se encuentran en el desarrollo de los acontecimientos dentro de la propia música. La posición referencialista es correcta cuando afirma que algunos significados de la música son denotativos. Del mismo modo, la absolutista también al poner énfasis en que hay una gran parte de significados que no son denotativos, ni se pueden explicar en referencia a hechos extra-musicales. Meyer incorpora un concepto que entiende que explica el significado no denotativo o absoluto de la música en lo que él llama *"embodied meaning"* (en adelante *"significado incorporado"*) que él considera más importante que el *"significado designativo"*. Lo explica así:

Un estímulo puede indicar acontecimientos o consecuencias de una clase diferente a la suya, como cuando una palabra designa a un objeto que no es en sí mismo una palabra; o puede indicar acontecimientos o consecuencias que son del mismo tipo que el propio estímulo, como cuando una débil luz al este en el horizonte anuncia la llegada del día. (...) El primer tipo de significado podría llamarse designativo y el último incorporado. (MEYER, 1957, pág. 54)

Meyer subraya que en música el significado incorporado es más importante que el designativo:

...lo que indican o señalan... (los estímulos musicales) ...no son más que otros acontecimientos musicales que están a punto de tener lugar... ...un acontecimiento musical tiene significado porque señala y hace esperar otro acontecimiento musical. Esto es lo que significa la música desde el punto de vista del absolutista (*Emotion and Meaning in Music*, pág. 54).

La expectativa y la incertidumbre

Meyer postula basado en MacCurdy (1927) que una tendencia es *"...una serie de respuestas mentales o motoras que siguen un curso ordenado previamente, a menos que se bloqueen de alguna forma* (MEYER, 2001, pág. 44)". El concepto abarca todos los modelos de respuesta automática, tanto sean naturales, como el instinto (FABRE, 1925), o aprendidos (LORENZ, 1986). Puede ser consciente o no: cuando más automático es el comportamiento menos consciente es. La tendencia se vuelve consciente cuando está presente algún tipo de inhibición o perturbación. *"Dichas tendencias... son a menudo conocidas y denominadas como <expectativas>"* (MEYER, 2001, pág. 44). Basado en que los estímulos musicales despiertan *"tendencias"*, Meyer aborda el fenómeno desde el punto de vista de las expectativas del oyente. Dice que hay momentos en que la expectativa es, dado un estímulo, muy específica: el oyente espera claramente una determinada continuación. Esta puede producirse o no, pero el punto crucial es que la conformación total de la cadena de eventos depende de la especificidad de la expectativa original. En otros momentos es más general, lo que según Meyer significa que si bien las expectativas pueden ser firmes en el sentido de que son evidentes, no son específicas ya que el oyente no sabe exactamente cómo serán satisfechas. O sea puede haber una situación que admita varias continuaciones igualmente probables, implicando un mayor grado de incertidumbre. También puede suceder que el estímulo esté conformado de tal manera que sea dudoso o ambiguo, de manera que la incertidumbre en cuanto a su significación, su función y su resultado general sea mayor. *"De hecho, si la duda o la incertidumbre son suficientemente fuertes, será aceptable casi cualquier resolución, ... aunque sin duda unas resoluciones parecerán, según el estilo, más naturales que otras"* (MEYER, 1957, pág. 47).

La incertidumbre puede ser considerada como una especie de *"ignorancia"* que produce como consecuencia sentimientos de *"impotencia"* que, a su vez, conduce a la *"aprehensión y la ansiedad"*. Desde el principio la ignorancia despierta fuertes tendencias mentales hacia la clarificación, que son inmediatamente afectivas. Estas sensaciones son por sí mismas *"tendencias"* que se concentran en la esperada resolución de la situación que sirve de estímulo. Cuanto más persiste la incertidumbre más grande es la inquietud, pero si la incertidumbre debe mantenerse entonces la situación inicial que sirve de estímulo debe intensificarse, ya que si se mantiene igual pierde efectividad; cuanto mayor es la acumulación de inquietud y tensión, mayor es la liberación emocional sobre la resolución.

Pueden distinguirse tres estadios del *embodied meaning*: 1) significados hipotéticos, que son los que se originan en al momento de la expectación: un estímulo da origen a varios significados hipotéticos alternativos; 2) significados evidentes, son aquellos que se atribuyen al antecedente una vez que el consecuente es realizado y percibido y cuando la relación entre el antecedente y el consecuente se aclara y determina; 3) significados determinados, son los significados que surgen de las relaciones existentes entre el significado hipotético, el significado evidente, y las etapas posteriores del desarrollo musical. Este significado surge cuando la audición de la obra ha terminado y ya no quedan expectativas por cumplir.

Este postulado de Leonard Meyer tuvo un impacto bastante importante dentro de los estudios sobre la estética de la música en el ámbito anglosajón, pero también llamó la atención de algunos semiólogos entre ellos Umberto Eco, quien en un libro titulado "La Definición del Arte" dedica un capítulo entero a su trabajo (ECO, 1970). Sin embargo su difusión dentro de las academias y conservatorios es muy limitado, como también la de un trabajo posterior de Meyer junto a Grosvenor Cooper "Estructura Rítmica de la Música" (1960).

Organización rítmica

El ritmo es un fenómeno que tiene características muy similares a la actividad estética según lo describe Collingwood en el párrafo citado más arriba. No existe en el fenómeno rítmico algo como el "estímulo" y la "respuesta". Pascal Michon (2019) lo desarrolla en uno de sus artículos:

Como ha demostrado Benveniste, antes de Platón, rhuthmós era distinto de skhèma, morphè o eídos, que se refería a formas fijas, a realidades inmóviles. Rhuthmós proviene del verbo rhéin (fluir). Indicaba la forma efímera de algo inestable: una carta, una prenda de vestir (un *peplos* en una silla), el carácter de una persona. … Pero si observamos detenidamente la palabra en sí, vemos que está compuesta de la raíz *rhéin*, fluir y el sufijo –(th)mós, que significa un modo, una manera. Por lo tanto, rhuthmós no se refiere solo a una realidad dinámica observada en un momento particular, como se suele decir después de leer Benveniste un poco rápido, también se refiere a la forma del dinamismo en sí. Es, dice Benveniste, una "forma de fluir", la "modalidad de una realización".

Esto quiere decir que si bien hay una "realidad dinámica observada", ya que el observador no es lo mismo que lo observado, también hay una "forma del dinamismo en sí"; existe una realidad observada por un sujeto, pero también una corriente dinámica de la que ambos participan y toma determinadas formas en determinados momentos.

Las formas rítmicas en la música

En un artículo cuyo contenido es demasiado largo como para apenas resumirlo acá, el profesor Willie Anku muestra que en la música africana la forma rítmica de determinadas secuencias es distinta de acuerdo con el ambiente étnico en el que son ejecutadas y percibidas (ANKU, 2007):

Escuchar el siguiente ritmo desde una perspectiva de los *Ewe* del Norte de Ghana daría lugar a la transcripción a continuación:

Intervalos temporales: 1 2 1 2 2, 1 2 1 2 2, **1 2 1 2 2,** 1 2 1 2 2

Un ritmo similar entre los *Fon* de Benin o los *Lukumi* de Cuba tendría una percepción completamente diferente:

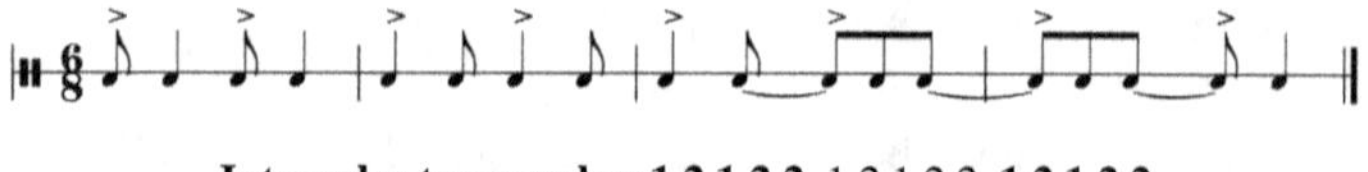

Intervalos temporales: 1 2 1 2 2, 1 2 1 2 2, **1 2 1 2 2,**

Si bien el ejemplo es sumamente esquemático ya que no hay otra cosa que una serie de golpes, se puede ver que las proporciones y las duraciones son exactamente iguales; lo que cambia es la posición de los acentos dentro de la secuencia, lo que es determinante para la conformación rítmica de la misma: si se ejecutan las dos transcripciones tanto el ejecutante como el oyente conciben dos ritmos totalmente diferentes. Por lo tanto se puede describir formalmente la secuencia de dos maneras distintas: la primera que describa las duraciones y sus proporciones y la otra que tome en cuenta la posición de los acentos. Como la primera descripción no muestra ninguna diferencia entre las dos versiones, es evidente que la forma rítmica, o sea la manera de fluir de esta secuencia, está determinada por la existencia de momentos acentuados y momentos no acentuados y su forma se puede describir de acuerdo con la manera en que estos acentos y "no acentos" se relacionan. Se puede afirmar que la primera descripción, "formal", si bien toma en cuenta elementos que constituyen el ritmo, estos no son suficientes para describir la forma "rítmica", para lo cual es necesario dar cuenta de la existencia de los acentos y sus relaciones.

Ahora, si los acentos no están solo en la secuencia sonora esto quiere decir que están también en el observador. La "forma del dinamismo en sí", la "corriente dinámica" que envuelve a la secuencia rítmica, al ejecutante y al observador implica por parte de este último una acción obligatoria si es que la experiencia rítmica tiene lugar. Esta acción consiste en realizar la acentuación, esto es "crear" los acentos. Lo que fluye de determinada forma, lo que se realiza de determinada modalidad es un ente que está compuesto por el ejecutante (que puede no ser humano, una máquina de ritmos o un reproductor, por ejemplo), la secuencia sonora y el oyente. Este ente "actúa" en conjunto, pero cada una de sus partes lo hace también, y es esta acción la que lo constituye. Sin una acción de cada una de estas partes el ente no existe ni tampoco por lo tanto la experiencia rítmica. Mientras dura la ejecución y la experiencia rítmica se crea por lo tanto un individuo colectivo activo cuyo flujo en el tiempo tiene una forma a la que llamamos "ritmo".

Acentos rítmicos

Por lo tanto el acento rítmico es el generador de las formas rítmicas, por lo cual es necesario detenerse un momento para pensar cuál es su naturaleza. De acuerdo con la definición de Leonard Meyer el ritmo musical es *"…el modo en el cual una o más partes no acentuadas son agrupadas en relación con otra parte que sí lo está"* (COOPER & MEYER, 2000). Sin embargo cuando estos autores intentan una aproximación al concepto de acento, las limitaciones de su perspectiva basada en el esquema estímulo-respuesta se hacen evidentes. El acento rítmico es inaprehensible y parece inevitable caer en definiciones circulares en las cuales se emplean los mismos conceptos que se quieren definir, como sucede el texto citado, cuando luego de decir que el ritmo es la forma en que las partes no acentuadas se agrupan en relación con la parte acentuada luego define el acento como el centro del agrupamiento, con lo cual se soslaya su definición (COOPER & MEYER, 2000, pág. 19).

El acento rítmico no es algo que puede descubrirse explorando las características de la música como si se tratara de un objeto que se mira por un microscopio. Es una construcción que se realiza entre el oyente y la música y en la que influyen muchos factores, como la historia del oyente, su aprendizaje y marco cultural, las circunstancias en las que se produce la audición, entre muchas otras. Todos estos elementos producen que haya determinados momentos o acontecimientos en la secuencia sonora que tengan una jerarquía superior a otros, aunque la naturaleza de los mismos sea muy variable. Por ejemplo determinados sonidos que tienen un volumen más alto que otros generalmente determinan acentos, pero en determinados contextos un silencio puede ser también un acento. Un sonido o un grupo de sonidos a determinada frecuencia puede ser un acento en algunos momentos y en otros no, o en ocasiones otra característica como el timbre o la textura pueden ser relevantes.

Esta característica del acento rítmico se hace mucho más evidente cuando lo que se quiere comprender son las formas rítmicas de mayor alcance. O sea que si lo que se estudia es el ritmo de pequeños motivos o secciones cortas las diferencias de intensidad por ejemplo son muy relevantes, pero si lo que se estudian son los ritmos de mayor escala, como los de una sección de un movimiento de una sinfonía, son otros los elementos que sobresalen. Por ejemplo en el marco de la música tonal la armonía tiene un rol del cual en la pequeña escala carece. En estilos musicales de otro tipo, como la música atonal, electroacústica, acusmática u otras formas de arte sonoro la textura, el timbre y otros aspectos espectrales prevalecen sobre el volumen, sobre todo si no se determina un marco métrico.

Las formas rítmicas en otras artes

La experiencia rítmica, lejos de ser exclusiva o principalmente un hecho musical, es algo que ocurre en todas las disciplinas artísticas, si es que todavía es posible hablar de esta manera. Uno de los aspectos sobre los cuales hace falta reflexionar es la idea de que cuando una obra de cualquier tipo genera determinada experiencia rítmica quiere decir que está concebida como si fuera una obra musical, sin tener en cuenta que en muchos aspectos la forma musical tiene como origen a la de la literatura, entre otros fenómenos similares. Por ejemplo Daniele Barbieri dice:

Las observaciones sobre el ritmo son frecuentes en los labios de quienes hacen juicios sobre productos audiovisuales. Expresiones como "ritmo impresionante", "ritmo demasiado lento", "ritmo descendente" etc., son parte del léxico normal de espectadores o críticos cuando hablan de un producto audiovisual, en particular de una película. En resumen, el ritmo se siente, es percibido por espectador y de alguna manera juzgado. Al hacerlo, el espectador parece hacer uso de una metáfora, ya que *ritmo* es un término que pertenece al lenguaje de la teoría musical. Traducido a un lenguaje menos metafórico, expresiones como las de arriba sonarían más o menos como "si esta película fuera una pieza musical, su ritmo sería apremiante" o "...sería demasiado lento" y así sucesivamente (traducción mía). (BARBIERI, 1992, pág. 9)

A pesar de que este párrafo caracteriza al *ritmo* como un término musical, lo que subraya principalmente es la importancia de la experiencia rítmica en obras de otras artes, en este caso audiovisuales. Más adelante Barbieri aborda el estudio del ritmo en las narrativas de los medios de comunicación, particularmente la televisión, pero también en los cómics y otras manifestaciones de pop art. E inmediatamente retoma el concepto de *significado incorporado* que Meyer define y que está explicado más arriba.

Para conceptualizar la forma rítmica en otras disciplinas artísticas es necesario buscar un esquema formal que prescinda totalmente del aspecto métrico; se lo puede encontrar en el *"agrupamiento"* como lo define Meyer citado más arriba. Lo que es necesario definir en cada contexto específico son los factores que producen el agrupamiento: según Meyer en la música son los derivados de los principios de la Gestalt, como la proximidad y la similitud, entre otros. Sin embargo en esquemas rítmicos de grandes dimensiones ya estos principios no funcionan y deben ser reemplazados por otros componentes del hecho musical.

Susanne Langer, cuyo programa estético-filosófico consistió en definir la "esencia" de las artes y sus fenómenos, dice:

La esencia del ritmo es la preparación de un nuevo evento mediante la finalización de uno anterior. Una persona que se mueve rítmicamente no necesita repetir con exactitud ninguno de sus movimientos. Estos, sin embargo, deben ser gestos completos, para que uno pueda sentir su principio, su propósito y consumación y ver en la última etapa de uno la condición y, de hecho, el principio de otro. El ritmo es el establecimiento de nuevas tensiones al terminarse las anteriores. No necesitan en absoluto ser de igual duración; pero la situación que engendra la nueva crisis debe ser inherente al desenlace de la que la precede", (LANGER, 1953, pág. 121).

Está claro que en este párrafo la autora no se refiere solamente al ritmo musical sino a la naturaleza del ritmo en cualquier contexto artístico que éste aparezca. Y si bien ella no lo hace para esto, es una excelente descripción de la naturaleza del agrupamiento. Si se trata de poesía la acentuación de las palabras, la entonación, la intensidad y las pausas, por ejemplo, son factores muy importantes en la conformación de los agrupamientos. Pero también su naturaleza, o sea si son verbos, sustantivos, preposiciones, y también el significado designativo de las palabras, lo que *quieren decir,* y la forma en que estos significados están entrelazados en un texto específico. En las obras audiovisuales las imágenes en sí, la composición visual de las escenas, los colores, la velocidad del movimiento, los contrastes son factores de agrupamiento; pero también el guión, el aspecto por decirlo así *"literario"* de una película, es crucial. Cuando se trata de obras de danza la repetición y la energía de los movimientos y su relación con la música son factores de agrupamiento muy importantes, pero también tienen influencia el diseño de los movimientos, la relación entre el cuerpo y la gravedad, la *"organicidad"*, las referencias a un argumento cualquiera sea su naturaleza, por nombrar algunos (BARRETTA, MIRAMONTES, & ZORRILLA, 2008).

La descripción formal del ritmo en otras artes no depende entonces de su homología con la métrica musical, como lo plantea Antonio Pamies (1995) en la poesía castellana en contraste con análisis más cercanos a la concepción platónica (NAVARRO TOMAS, 1991). La idea de Meyer de que el ritmo musical consiste en agrupamientos de momentos no acentuados alrededor de momentos acentuados, y que a su vez estos agrupamientos se agrupan en un nivel superior de acuerdo al establecimiento de una nueva categoría de acentos, y que este esquema se repite generando tantos niveles como la estructura de la obra determine hasta su finalización, puede trasladarse sin ningún esfuerzo para cualquier otra disciplina que no sea la música. Y si bien Meyer realizó esta descripción refiriéndose al ritmo musical esto no tiene relación con ninguna naturaleza "musical" del ritmo, sino que es una formalización del fenómeno rítmico en cualquier contexto artístico que aparezca.

Ritmo y embodied meaning

Es evidente la similitud entre el concepto de significado incorporado y el agrupamiento rítmico en el pensamiento de Meyer, sobre todo cuando se abandona el esquema estímulo-respuesta para concebir la actividad artística. Tanto la creación de acentos rítmicos como la de sentido en el significado incorporado implican una acción del espectador mediante la cual establece relaciones y jerarquías. Si bien Meyer y Barbieri subrayan la creación de expectativas, es posible pensar que tales expectativas no son las que generan el sentido, sino que hay una relación entre los acontecimientos vividos en la actividad artística que genera los fenómenos del agrupamiento rítmico y el significado incorporado y que se pueden describir de distintas maneras de acuerdo con el contexto y la naturaleza de cada experiencia artística.

Barbieri (1992) señala un punto crucial: que este tipo de significado incorporado o relacional está presente en todas las disciplinas artísticas, y que sin su estudio se soslayan mecanismos por los cuales el arte crea y comunica sentido y valor para el creador, el intérprete o el fruidor. Y el ritmo es un fenómeno inter, trans y multidisciplinario presente en todo texto o narrativa artística, que se organiza de acuerdo con su propia lógica rítmica y que es central en la formación de sentido y en el significado del arte.

En la mayor parte de los otros lenguajes (distintos de la música), la evidente importancia del significado denotativo ha dejado en la sombra aquella del significado incorporado (o relacional), que ha sido muy poco estudiado, y al cual no se encuentran más que ocasionales referencias en la literatura semiótica. Un análisis de las tensiones y del ritmo (de los textos) encuentra en la noción de significado incorporado una base teórica, ya que es el modo en el cual ciertas formas textuales implican o "significan" sus continuaciones que generan la expectativa del fruidor (BARBIERI, 1992, pág. 38) traducción mía.

En una nota al pie de la misma página dice Barbieri: *"Generalizando, (…) el significado designativo es un caso particular del incorporado, en el que las formas que están en relación no pertenecen al mismo contexto semántico"*, afirmación verdaderamente radical que no se encuentra en Meyer y que coloca al significado incorporado en un nivel jerárquico superior. ¿De qué manera interpretar esta afirmación? Parece una generalización arbitraria porque si las formas no pertenecen a un mismo contexto semántico mal se puede hablar de *embodied meaning* en el sentido de Meyer, ya que según éste los significados de un hecho son *"acontecimientos o consecuencias ... del mismo tipo"* que él, lo que supone que pertenecen al mismo discurso. Pero se puede concebir que si bien existen naturalmente contextos semánticos distintos, o sea no todo es lo mismo, siempre se los puede concebir como formando parte de un contexto mayor que los contiene y los atraviesa, a la manera de las distintas voces de una música polifónica o de los distintos discursos de diferentes lenguajes artísticos que forman parte de una obra de teatro, por ejemplo.

Organización rítmica y sentido

Resumiendo, una formalización del ritmo que permita no sólo comprender y analizar el fenómeno, sino operar sobre él para un creador, un intérprete o un espectador, se puede basar en al agrupamiento entre momentos o acontecimientos acentuados y otros que no lo están. A su vez estos agrupamientos se agrupan para formar otros de orden superior, *ritmos de ritmos,* y luego *ritmos de (ritmos de ritmos).* Estos agrupamientos influyen de alguna manera en las posibilidades de acontecimientos posteriores por lo cual tienen *sentido* en el texto narrativo de acuerdo con el concepto de *significado incorporado.*

Pascal Michon, que postula que la individuación de los sujetos humanos es consecuencia de un proceso rítmico, encuentra un problema y una vía similar. Según él, si los procesos que producen continuamente los individuos singulares y colectivos se realizan de manera relativamente constante en una época o en un grupo dado, si no son un simple flujo sino un conjunto descriptible de ritmos articulados unos con otros, hay que suponer que estos conjuntos rítmicos son ellos mismos de alguna manera individuos (MICHON, 2015, pág. 54). Esto significa que los acontecimientos sucesivos que suceden en la historia de cada individuo están en sí mismos conformados de una manera comparable a los agrupamientos que aparecen en la estructura rítmica de las obras de arte, o sea que no son una cadena de hechos que transcurren en el tiempo sino que forman estructuras ordenadas y tienen sentido porque son referidos y se refieren a otros acontecimientos anteriores y posteriores. Como en el arte, lo que está conformado rítmicamente no es ni el sujeto ni una "realidad externa", sino la relación entre el sujeto y el mundo, una relación en la cual ambos se perturban mutuamente y que transcurre y cambia en el tiempo. Lo producido por la conformación rítmica es una identidad individual o colectiva que se produce en un momento particular, una forma que adopta en un momento algo que está en perpetuo cambio.

Quizás como en tantas otras ocasiones el estudio del arte pueda ofrecer modelos, formas e ideas que puedan estimular el desarrollo de otros ámbitos del conocimiento.

Bibliografía

ANKU, W. (Julio de 2007). *Revista Transcultural de Música-Transcultural Music Review.* Inside a Master Drummer's Mind: A Quantitative Theory of Structures in African Music: Recuperado el 3 de Octubre de 2009, de
http://www.sibetrans.com/trans/trans11/art05.htm
BARBIERI, D. (1992). *Questioni di Ritmo.* Obtenido de Daniele Barbieri: http://www.danielebarbieri.it/downloads.asp
BARRETTA, C., MIRAMONTES, L., & ZORRILLA, A. (2008). Desarrollo de un Método de Análisis Rítmico. *4ª Jornadas de Investigación en Disciplinas Artísticas y Proyectuales.* La Plata, Pcia. de Buenos Aires, República Argentina: UNLP.
COOPER, G., & MEYER, L. (1960). *The Rhythmic Structure of Music.* Chicago: University of Chicago Press.
COOPER, G., & MEYER, L. (2000). *Estructura Rítmica de la Música.* Barcelona: Idea Books.

DEWEY, J. (1894). The Theory of Emotion. *Psychological Review, 1*, 553-569.

ECO, U. (1970). *La Definición del Arte*. Barcelona: Ediciones Martínez Roca.

FABRE, J.-H. (1925). *Souvenirs entomologiques*. París: Delagrave.

LANGER, S. (1953). *Form and Feeling: A Theory of Art*. New York: Scribner's.

LORENZ, K. (1986). *Fundamentos de la Etología*. Buenos Aires: Paidós.

MacCURDY, J. (1927). *The Psychology of Emotion*. New York: Harcourt, Brace & Co.

MEYER, L. B. (1957). *Emotion and Meaning in Music*. Chicago-Londres: University of Chicago Press.

MEYER, L. B. (1967). *Music, the arts, and ideas: patterns and predictions in twentieth-century culture*. Chicago: University of Chicago Press.

MEYER, L. B. (2001). *Emoción y Significado en la Música*. Madrid: Alianza.

MICHON, P. (2015). *Les Rythmes du politique. Démocratie et capitalisme mondialisé*. Paris: Rhuthmos.

MICHON, P. (16 de 04 de 2019). *Ritmo, Ritmanálisis, Ritmología: un Ensayo del Estado de la Cuestión*. Obtenido de Rhuthmos: http://rhuthmos.eu/spip.php?article2340

MICHON, P. (2019). *Una breve historia de la teoría del ritmo desde los años 70* . Rhuthmos. Obtenido de http://rhuthmos.eu/spip.php?article2345

NAVARRO TOMAS, T. (1991). *Métrica Española*. Barcelona: Labor.

PAMIES, A. (1995). *La métrica poética cuantitativo-musical en España*. Recuperado el 28 de Julio de 2008, de Portal del hispanismo:
http://hispanismo.cervantes.es/documentos/pamies.pdf

TILLMAN, F. A., & M., C. S. (1969). *Philosophy of Art and Aesthetics*. Nueva York: Harper & Row.

La polirritmia como creadora performática

Viviana E. Vásquez[1] y Leticia Miramontes[2]

Introducción

No hay ritmo, sin sujeto que lo perciba. Sentir un ritmo, es hacerlo propio. Múltiples son las motivaciones que pueden ser "provocadores" de una obra de arte, tantas como creadores existen. Y estos provocadores (disparadores o motivadores), en ciertos casos son los que forjan la impronta del artista, consolidan su lenguaje y también son las herramientas a las que el creador puede echar mano en el momento de su trabajo, de su creación.

Dentro de estas grandes posibilidades podemos señalar desde coreógrafos como Bob Fosse, caracterizado por la utilización de pequeños movimientos cortados, o William Forsythe que ha impuesto la "marca" que determina a todas sus creaciones: la organización del movimiento desde la figura geométrica de los radios trasladados en el cuerpo, hasta la artista performática Marina Abramovic que juega con los límites del cuerpo y las posibilidades de la mente explorando la relación entre el artista y la audiencia. Otros disparadores más generalizados son las obras musicales o pictóricas, las obras literarias (tan utilizadas en los ballets clásicos), la historia o las temáticas sociales (más afines a las obras de la danza moderna), muchos son los ejemplos

---

1. Coreógrafa, directora, gestora, docente e investigadora del movimiento. Es Ayudante de Cátedra en el Departamento de Artes del Movimiento de la Universidad Nacional de las Artes, Buenos Aires. Participa del Equipo de Investigación del Ritmo en el Arte, EIRA.

2. Es Profesora Adjunta en Composición Coreográfica I y II en el Departamento de Artes del Movimiento de la Universidad Nacional de las Artes, y Profesora Titular en Técnica de la Danza Clásica I, II, III y IV. Es Docente Investigadora, codirectora del Equipo de Investigación sobre el Ritmo en el Arte, EIRA.

posibles que podríamos presentar pero que exceden al objetivo de este trabajo.

Pensar en la polirritmia es reflexionar sobre el accionar intrínseco al individuo. Podemos afirmar que somos individuos polirrítmicos y que al igual que el ritmo, no lo percibimos naturalmente a menos que se reflexione sobre ello. Precisamos de una acción consciente que nos permita individualizar estas polirritmias que nos conforman para poder pensar su análisis.

Como se expresa anteriormente, pensamos un hombre como sujeto naturalmente polirrítmico porque los distintos sistemas de su cuerpo como la respiración, el pulso, los latidos del corazón, etc. Cada uno con un ritmo propio, se combinan, se superponen y se organizan para formar un ritmo personal. En el caso del funcionamiento de nuestro cuerpo, una modificación particular de cada sistema, o de cada órgano, producirá la modificación del resto desestabilizando, en este ejemplo, la salud del individuo.

Contrariamente a la imagen que nos han transmitido la anatomía, la medicina y la filosofía moderna, el cuerpo no es una maquina hecha de tendones, de carnes y de hueso. Como define Marcel Mauss (1934, pág. 94): "Antes que nada es un conjunto, un entramado de técnicas corporales, (ritmos determinados socialmente a través de sus maneras de fluir), es decir de montajes de acciones, de selecciones de pausas y movimientos, de conjunto de formas de reposo y de acción, en resumen, una organización espacio-temporal"

Como sujeto social e influenciado por su entorno, su educación, los saberes recibidos de su ámbito familiar y escolar, y las experiencias de vida, cada persona tendrá un ritmo que será su característica, marcará su manera de moverse, así como su forma de fluir en el tiempo, es decir evidenciará su individuación producida entonces no solamente a partir del cuerpo que sería dado simplemente por la naturaleza, sino a través de la elaboración técnica de ritmos corporales específicos dados por su entorno y las polirritmias que lo conforman.

La polirritmia

Por definición de la música, la polirritmia es la superposición de ritmos diferentes, en los que se produce un desfase de acentos rítmicos.

El concepto de polirritmia fue acuñado inicialmente por el poeta africano Leopold Sedar Senghor, para referirse al contrapunto rítmico existente entre el ritmo de la palabra y el ritmo de los tambores presente en la música africana. Luego el musicólogo de jazz Alfons Dauer lo define como un sistema rítmico en el que sobre un mismo sistema de medida se utilizan acentuaciones diferentes, combinadas y superpuestas.

Es sobre esta última definición a la que referenciamos cuando analizamos la polirritmia del movimiento, o la polirritmia de la danza, cuyo análisis y manejo específico puede convertirse en un disparador compositivo y objeto de construcción performática.

Para comprender la idea de la polirritmia, primero definiremos el concepto de ritmo al que hacemos referencia. Cuando hablamos de ritmo, referimos a un concepto de ritmo abarcativo y no meramente métrico, adhiriendo a la definición de musicólogo Cooper y Meyer cuyos conceptos expuestos en su *Tratado de música*, son teóricamente muy productivos y permiten superar las ideas reduccionistas que caracterizan al ritmo, alejándose de conceptos numéricos y normativos. A pesar del hecho de que es un tratado específico sobre el ritmo en la música y de que sus ideas presentan una cierta rigidez normativa propia del pensamiento musical tradicional de su época, Cooper y Meyer plantean que: "el ritmo podría definirse como el modo en el cual una o más partes no acentuadas, son agrupadas en relación con otra parte que sí lo está" (COOPER & MEYER, 2000, pág. 15).

Por su lado el lingüista Émile Benveniste, rescata el significado antiguo del término griego en la filosofía jónica: el ritmo como "forma asumida por aquello que está en movimiento, forma fluida, modificable, forma distintiva, figura proporcionada" (BENVENISTE, 1966, pág. 133).

Varios autores abordaron una interpretación del ritmo lo más alejada posible de los fenómenos métricos como el investigador Oldrich Belic, oponiéndose a la tradicional interpretación cuantitativo-musical que divide las palabras arbitrariamente en pies basándose en la cantidad de sílabas y la frecuencia de los acentos. El señala que "el verso es un fenómeno lingüístico y hay que enfocarlo como tal, es decir tomando en consideración no sólo su aspecto puramente fónico, sino también, y ante todo, su contenido" (PAMIES, 1995).

En relación con el ritmo del lenguaje, hay una idea generalizada, sobre todo entre los poetas, de que el ritmo es algo más que medir la cantidad de sílabas y la distancia entre los acentos. El poeta mexicano Octavio Paz (1956) dice:

"El ritmo es algo más que medida, algo más que tiempo dividido en porciones. La sucesión de golpes y pausas revela una intencionalidad, algo así como una dirección. El ritmo provoca una dirección, suscita un anhelar. Si se interrumpe, sentimos un choque... Así pues, el ritmo no es exclusivamente una medida vacía de contenido, sino una dirección, un sentido. El ritmo no es medida, sino tiempo original".

También Daniele Barbieri propone que:

Los estudios sobre el ritmo en la poesía… limitan a menudo sus intereses a la estructura métrica, y en todo caso a la simple exploración de los ritmos en el plano de la expresión, haciendo caso omiso de la existencia de ritmos de contenido, que contribuyen por igual a los otros en la construcción general de efecto estético de un poema. (BARBIERI, 1992, pág. 9)

Por su lado, el autor francés Henri Meschonnic aporta esta definición:

Defino el ritmo en el lenguaje como la organización de las marcas por la cuales los significantes lingüísticos y extralingüísticos, producen una semántica específica, distinta del sentido lexical, y que yo llamo "signifiance": es decir los valores propios a un solo discurso. (MESCHONNIC, 1982, pág. 36)

El término francés "signifiance" tiene en este trabajo un significado específico definido expresamente por el autor. Luego, en un trabajo posterior en colaboración con Gérard Dessons, citado en un artículo de Eric Bordas se lee: "se entenderá por ritmo… la organización del movimiento de la palabra por un sujeto" (DESSONS & MESCHONNIC, 1998), idea que tiene el mérito de colocar al sujeto en el centro de la reflexión" (BORDAS, 2007), traducción de A. Zorrilla.

Sin embargo, a pesar de estos desarrollos conceptuales la teoría del ritmo en los textos literarios se encuentra con una dificultad. Como lo expresa Barbieri en el trabajo ya citado, cabe preguntarse "cómo sería posible realizar una descripción del ritmo más formal y controlable" (BARBIERI, 1992, pág. 35), que por ser distinta de la métrica no debe estar basada en el número de sílabas ni en la frecuencia de los acentos.

Parafraseando a Barbieri y en el contexto del ritmo del movimiento nos preguntamos ¿cómo sería posible realizar una descripción del ritmo del movimiento?, y a partir de esta respuesta, cómo se materializa el análisis de las polirritmias que estarían conformándolo. Para ello tenemos que detenernos en la problemática de la acentuación.

Aspectos de la acentuación

El tema de la acentuación en el movimiento y en la danza no es sencillo, es extenso y complejo, puesto que intervienen muchos factores que están implicados en esta problemática, que se vinculan entre sí y que hacen ardua la tarea de conceptualizar de manera certera y objetiva.

La evidencia empírica, es la que nos sitúa en este contexto y nos da la pauta de dichas acentuaciones, que luego serán las responsables de los diferentes fenómenos rítmicos en la danza por ejemplo, y justamente esta evidencia también, dadas las posibles lecturas y análisis del público que las aprecia, estará atravesada por la subjetividad de cada persona que lo percibe, es decir: con su historia, con su estado emocional, con su grupo social de pertenencia, su identidad cultural, sus genes, en suma con su individuación, dando otras posibles lecturas semánticas del mismo gesto.

Como postulamos en otro trabajo del mismo equipo de investigación:

Cuando un individuo está frente a cierto tipo de fenómeno "externo", por decirlo así, sufre sus consecuencias más o menos independientemente de factores tales como su constitución personal o emocional. O sea, si una persona está a la intemperie y llueve, se moja, sea uno chino, maorí, azteca, sueco o mapuche. No sucede lo mismo cuando un individuo está frente a un fenómeno rítmico. Tanto si es un ejecutante, un compositor, un analista o simplemente público. (BARRETTA, MIRAMONTES, & ZORRILLA, 2009)

La acentuación del movimiento

Tomando la definición del diccionario, se dice acentuar, a la acción de reforzar, intensificar, volver más fuerte, dar énfasis a algo, para que a su vez ese algo provoque una atención específica.

Para el reconocimiento de la acentuación en el movimiento tomamos como base el gesto. Desde el punto de vista del ritmo estos gestos se agrupan de tal manera que configuran motivos y frases, es decir organizaciones semánticas plausibles de ser utilizadas por el creador en función de sus motivaciones creativas.

Si se tienen en cuenta los conceptos del Sistema de Análisis de Movimiento Laban-Bartenieff, que se refiere al *effort* como calidad de movimiento, se desprende que la acentuación puede estar relacionada con la velocidad. Un grado de energía alto, direcciones claras, formas bien definidas son también factores que intervienen para acentuar específicamente un gesto. Laban describe algunos como *"movimientos latigados"*, por ejemplo, que generan fuertes acentuaciones (LABAN, 1987, pág. 49).

Hay tres factores específicos del movimiento, que pueden ser utilizados para dar énfasis a un "gesto", estos son: el grado de energía, el espacio y el tiempo. Si bien estos se encuentran permanentemente interrelacionados, y las modificaciones de alguno en particular, producen cambios en los restantes, puntualmente se puede reconocer desde que factor se ha producido el acento de cada gesto, que luego organizará un posible agrupamiento rítmico.

En el caso del resto de los elementos que constituyen un evento performático, como los efectos lumínicos, colores, vestuarios, espacio, sonido etc., cada significante es viable de ser analizado rítmicamente como el movimiento, cuestión que nos permite identificar sus ritmos inherentes y entender las polirritmias puestas en juego entre ellos, que marcarán el ritmo de la evolución total del evento.

Patrice Pavis se acerca a esta idea y la expresa formulando que: "El ritmo más importante de la puesta en escena es el de la resultante de todos los sistemas de signos del desarrollo del espectáculo". (PAVIS, 2000, pág. 153)

Polirritmias singulares y polirritmias colectivas

Va de suyo que reflexionamos sobre un intérprete, bailarín, performer, coreógrafo, naturalmente polirrítmico, que, en las distintas instancias de creación, en sus diferentes roles: como interprete, co-creador, como improvisador, pondrá en juego su manera de fluir, su ritmo propio, generando lo que hemos llamado: polirritmias singulares y polirritmias colectivas.

Como polirritmias singulares, referimos a la corporeidad del sujeto implicado, que se mueve y para ello compromete su cuerpo en diferentes polirritmias, por ejemplo sus brazos en relación a su torso, sus piernas en correspondencia al movimiento de su cabeza, la danza de Los pequeños cisnes, del Lago de los Cisnes [1], es un ejemplo por demás evidente de este tipo de polirritmia.

Los ejercicios de la barra en una clase de ballet, por ejemplo, en donde el lado derecho del cuerpo en movimiento se articula a un lado izquierdo de base, tomado de la barra, aparentemente "estático" que a su vez pone en juego la estabilidad, los cambios de peso, los apoyos, en suma, el equilibrio.

También evidenciamos estas polirritmias singulares en el movimiento del cuerpo y la voz en el canto, en la comedia musical, por ejemplo, además de en el foco de la mirada vinculado a los movimientos del resto del cuerpo, entre otros.

Como polirritmias colectivas, nos referimos a las que se producen con el resto del grupo creativo (intérpretes, cantantes, músicos, etc.) y el resto de los elementos constituyentes del evento (sonido, iluminación, filmaciones, elementos espaciales, etc.). Hay múltiples posibilidades de polirritmias colectivas, como la más obvia encontramos la problemática del dúo, en donde las polirritmias singulares de un intérprete, que se suceden en concomitancia a otro intérprete, deberán forman a su vez nuevas polirritmias. Evolucionando de la misma manera si se trata de un grupo, las polirritmias se producirán con el resto de los intérpretes que conformen la obra, cuya "resultante", justamente, sería la polirritmia colectiva general del espectáculo. En el caso de que la organización de esta resultante sea satisfactoria, va a producirse la polirritmia, en el caso de que no se alcanzara a una organización equilibrada de las mismas, no se producirá la polirritmia.

Patrice Pavis (2000, pág. 154) afirma que: "el director del espectáculo debe cuidar la estructura temporal de su creación, debe controlar el aspecto temporal de la vectorización, y determinar en qué momento dos signos o dos vectores se condensan o se desplazan uno a otro". Además, así como el escenógrafo está dedicado a supervisar la espacialidad, propone la figura de un tempógrafo como aquel que controle la temporalidad de un evento.

Como expresamos anteriormente, podríamos reconocer y analizar las diferentes polirritmias que se suceden entre los distintos sistemas significantes de una obra y en los próximos ejemplos que presentaremos nos detenemos en dos elementos en particular, no porque no se produzcan polirritmias con el resto de ellos, sino porque los que proponemos nos parecen reveladores en cuanto a dupla de elementos en juego.

A modo de ejemplo tomamos algunos como "El bolero" de Maurice Béjart, en la versión para Maia Plisetskaya [2]. En la obra, la música de Ravel con su idea de acumulación de instrumentos y fuerza es trabajada de forma literal por la coreografía de Béjart, por medio también de la acumulación de movimientos y grado de energía de los mismos. Sin embargo, es notable la polirritmia generada desde su inicio entre la iluminación y el cuerpo del intérprete, posiblemente menos esperable que la anterior, sugerida por claro-oscuros y fragmentaciones en la exhibición de la corporeidad del bailarín.

El caso de la polirritmia cuerpo y voz (claramente fundante en el género de la comedia musical), además de atravesada por la música de la obra, nos ofrece un modelo más que significativo en la obra "Cats" [3], en donde tanto las polirritmias singulares como las colectivas se suceden, se interpelan, dialogan, llegando a una sutileza rayana a la perfección.

Como otro ejemplo de polirritmias de espacio, de grado de energía del movimiento, de música, nos resulta absolutamente cautivante la versión de Nijinski de "La consagración de la primavera" [4].

Es una evidencia que estas obras se podrían investigar ampliamente, haciendo hincapié en cada signo que las constituyen, pero esto escapa al objetivo de este trabajo. Por sobre todo la idea es acercar de alguna manera a un posible análisis que nos pueda revelar como creadores otra posibilidad de tratamiento de los elementos de creación.

La polirritmia como disparador creativo

Como dijimos al comienzo de este trabajo, el reconocimiento del ritmo o de la polirritmia en este caso, requiere de una acción consciente del individuo para su reconocimiento.

En la tarea de creación muchas veces las polirritmias generadas por los creadores se producen intuitivamente, se diría de manera inocente, al contrario de los músicos para quienes el tratamiento de la polirritmia se determina antes, se van armando muchas veces desde una concepción métrica, pero postulándola como objetivo de la obra musical en cuestión. Se definen los ritmos de los instrumentos en juego, sus compases, sus entradas y superposiciones y todo esto va generando nuevas posibilidades y versiones de una misma melodía. La misma música se enriquece, se vuelve otra y ofrece otras formas, otras potencialidades.

En el caso de canciones, por ejemplo, es fácil reconocer como una misma canción interpretada por diferentes cantantes se versionan, se modifican por acentuaciones diferentes, propias del intérprete e inherentes a su individuación. Similar puede ser el tratamiento musical de los instrumentos que acompañen a esta canción y a este intérprete, produciéndose nuevas combinatorias, nuevas polirritmias.

Pensamos reveladora la versión del himno nacional argentino, por Charly García [5].

El oficio del creador, como el de cualquier otro profesional requiere de múltiples herramientas para la realización de sus productos y creaciones, el conocimiento concienzudo de todas ellas le abre posibilidades y le otorga elementos de los que puede valerse en el momento que la "inspiración" mengua.

Respecto al lenguaje, Meschonnic (1982, pág. 36) propone que: "el ritmo puede transformar la factura y la textura de la lengua al espacializarla, es decir, al escandirla mediante un esquema que ya no es el de la semántica habitual".

En el caso del lenguaje de movimiento, el reconocimiento y análisis de su ritmo y de sus polirritmias ofrecen la opción de manejar más recursos, más herramientas para la combinatoria de los gestos y otros elementos narrativos que nos posibilitan diferentes organizaciones semánticas.

Determinadas con anterioridad y poniendo en juego las acentuaciones de cada sistema significante podemos manipularlas, combinarlas y lograr contrastes nuevos y efectivos.

Pavis (2000, pág. 154) expresa también que: "Los distintos sistemas significantes compiten durante la representación, pero tienden a la sincronía y terminan produciendo esa corriente única de la representación de la que habla Honzl".

Pero esta simultaneidad de los significantes de los que habla Pavis, se pueden poner en cuestión para darle paso a la alternancia de estos, modulando y cambiando los factores para lograr diferentes resultados.

"Si el desfase se mantiene, se produce un fenómeno de polirritmia o de superposición de ritmos diferentes y particulares con desfase mutuo de los acentos rítmicos" (PAVIS, 2000, pág. 152).

Y es justamente a ese desfase que se interesa este trabajo como disparador creativo, a esa diferencia entre los elementos compositivos que podemos tomar como manera de comenzar una creación, como manera de producir, gracias a ellos, nuevas organizaciones semánticas y otros significados. Con una idea a priori y aprovechando la maleabilidad de los gestos, estaremos ampliando las maneras de expresar, extendiendo nuestro lenguaje compositivo y produciendo nuevas isotopías semánticas.

Bibliografía

BARBIERI, D. (1992). *Daniele Barbieri*. Obtenido de Questioni di ritmo:
http://www.danielebarbieri.it/downloads.asp
BELIC, O. (1975). *En busca del verso españo*. Praga: Univerzita Karlova.
BENVENISTE, E. (1966). La notion de rythme dans son expression linguistique. *Problèmes de linguistique générale*, 133.
BORDAS, É. (2007). *Le rythme de la prose*. Recuperado el 27 de agosto de 2011, de Semen [En ligne], 16 | 2003:
http://semen.revues.org/2660
COOPER, G., & MEYER, L. (2000). *Estructura Rítmica de la Música*. Barcelona: Idea Books.

DESSONS, G., & MESCHONNIC, H. (1998). *Traité du rythme. Des vers et des proses.* Paris: Dunod.
LABAN, R. v. (1987). *El Dominio del Movimiento.* Caracas: Fundamentos.
MAUSS, M. (1934). *Sociología y antropología.* Madrid: Tecnos.
MESCHONNIC, H. (1982). *Critique du rythme.* Lagrasse: Verdier.
PAMIES, A. (1995). *La métrica poética cuantitativo-musical en España.* Recuperado el 28 de Julio de 2008, de Portal del hispanismo: http://hispanismo.cervantes.es/documentos/pamies.pdf
PAVIS, P. (2000). *El análisis de los espectáculos.* Buenos Aires: Paidós.
PAZ, O. (1956). *El Arco y la Lira.* Mexico: FCE.

[1] Video disponible en: http://tiny.cc/g73vhz
[2] Video disponible en: http://tiny.cc/r83vhz
[3] Video disponible en: http://tiny.cc/183vhz
[4] Video disponible en: http://tiny.cc/583vhz
[5] Video disponible en: http://tiny.cc/r93vhz

El TAP como experiencia rítmica

Melisa Galarce[1]

Este texto pretende ser un aporte para la teorización del concepto de ritmo como disciplina autónoma, a partir del análisis y la sistematización del proceso o acto didáctico de enseñanza/ aprendizaje de la Técnica de Tap, que vengo desarrollando como profesora adjunta de la materia "Técnica de Tap I y II" en la Universidad Nacional del Arte – Departamento de Artes del Movimiento –, así como miembro del Equipo de Investigación sobre el Ritmo en el Arte, EIRA, de la misma Universidad. Empiezo por presentar brevemente las raíces históricas del TAP, también conocido como Zapateo Americano o Claqué, para luego concentrarme en los detalles de la enseñanza de esta disciplina.

Qué es el Tap

El Tap es un arte y una técnica que combina principalmente dos lenguajes: danza y música, movimiento y sonido ocurren a la vez. A partir de dicha combinación resulta una disciplina artística particular.

"Tap" es una onomatopeya que hace referencia al sonido que provocan las chapas que llevan los zapatos típicos[2] al chocar con el suelo. No alude a un idioma ni a un surgimiento geográfico determinado, lo cual delimitaría el lugar de origen de este

1. Licenciada en Psicología de la Universidad de Buenos Aires. Docente de la materia "Técnica de Tap I y II" en el Departamento de Artes del Movimiento de la Universidad Nacional de las Artes. Es directora y profesora del Estudio de Danza y Arte Figuras. Se especializó en Tap en New York, EE.UU. Investigadora del Equipo de Investigación sobre el Ritmo en el Arte, EIRA.

2. Los zapatos suelen ser de cuero o similar, llevan en la suela atornillada una chapa de hierro o aluminio en la parte del metatarso y otra en el taco.

baile, que tiene varias raíces, y como veremos, sobrepasa barreras idiomáticas y geográficas.

Si bien todo el cuerpo está implicado, suelen ser los pies los que necesitan más destreza y precisión. A modo de instrumento musical, los zapatos de Tap producen distintos tipos de sonidos. Son por lo menos 19 sonidos distintos (AAVV, Mad Tap Diccionario) que, combinados y adecuadamente utilizados, pueden generar una musicalidad propia.

Se trata de un baile en el que se requiere una activa participación del sujeto ejecutante, que debe conseguir cierta "sincronización sensomotriz"[1], para lograr que el movimiento sea simultáneo a la música que acompaña, o lograr cierta autonomía si es que se baila "a capella". Tradicionalmente se lo relaciona con la música de Jazz, pero las nuevas generaciones de bailarines lo conciben de otra forma. Roxane Butterfly, una bailarina, docente y coreógrafa actual que tuve la oportunidad de conocer, fue discípula de grandes maestros, como Jimmy Slide (SLIDE, YOUTUBE, 1958) (SLIDE, Jimmy Slyde taps on George Benson's guitar, 2011) lo ejemplifica con este relato en una entrevista para el canal A&E Mundo:

1. "…Un aspecto muy importante de subrayar cuando se habla de periodicidad rítmica en música y danza es la sincronización sensomotriz. Fraisse lo aborda tomando como ejemplo una experiencia trivial, la de alguien que escucha música y lleva el compás con el pie. El hecho sobresaliente es que el movimiento es doblemente sincrónico: tiene el mismo período que la música y además el sonido y el golpe de pie se producen simultáneamente. Si se piensa en el esquema estímulo y respuesta en seguida se ve que no es aplicable, ya que la respuesta siempre es posterior al estímulo, cuando en la sincronización sensomotriz el movimiento es simultáneo al sonido. Esto quiere decir que para que haya sincronización tiene que existir un sistema de anticipación que permita prever el momento en que el próximo sonido va a producirse de manera que el pie se mueva simultáneamente. Fraisse dice que "…en la sincronización la señal de la respuesta no es el estímulo sonoro sino el intervalo temporal entre señales sucesivas", y también "…si la cadencia es regular se hace posible porque hay posibilidad de anticipar el momento en que el estímulo siguiente va a producirse… si es aleatoria resulta imposible". (FRAISSE, 1976, págs. 58-59). La lectura de este capítulo del libro de Fraisse es excelente para estudiar los problemas que plantea la sincronización sensomotriz entre la música y la danza…. Lo que es muy importante para el punto de vista que surge de esta investigación es la relevancia de la acción que el sujeto efectúa para conseguir la sincronización. Sin esta acción no hay simultaneidad posible…" (BARRETTA, MIRAMONTES, & ZORRILLA, 2013)

Nadie me condicionó a pensar que el tap se debía bailar de un modo determinado, con una ropa determinada o con una música determinada. El tap es flexible, mucho más de lo que creemos. Hay artistas que bailan Tap al ritmo del Hip Hop. Estuve en Shri Lanka y baile con percusión oriental. En el centro hay una compañía de Tap que usa ritmos africanos, exploran diferentes ritmos africanos. Creo que la edad de oro del Tap es la actual porque hay fusión.[1]

Raíces y sentido

La historia del Tap está relacionada con la prohibición que cerca de 1800 sufrieron las personas de color que fueron traídas desde África a los EEUU para ser esclavos, a quienes se les prohibió tocar sus tambores, bailar sus danzas, y practicar su culto religioso. Ante esta prohibición, fueron encontrando otras maneras de expresarse, haciendo percusión con el cuerpo o con los pies. Para los africanos los tambores y su esencia rítmica eran el modo de comunicarse entre las tribus, que acostumbraban a acompañar cada ritual y etapas significativas de sus vidas con sus tambores y sus danzas. (Fundación Juan March, 2016). Posteriormente, éstas se mezclaron con los aportes de los bailes irlandeses, ingleses y escoceses, dando origen a lo que hoy se conoce como Tap. Se lo suele asociar al Jazz y se lo conoce sobre todo por su esplendor en los años dorados del cine norteamericano[2].

El conocido compositor estadounidense, director de orquesta, pianista intérprete de Jazz Duke Ellington (1899-1974) decía acerca de la razón por la que, tanto él como "su gente", bailaba y hacía música:

El ritmo de mi raza es el resultado de nuestra incorporación al suelo americano, una reacción contra la tiranía de las plantaciones. No bailábamos para

1. Extracto de la entrevista a Roxane Buterfly para el documental sobre la historia del Tap en el canal A&E Mundo. Me parece interesante esta zapateadora por su ductilidad al adaptar el Tap a cualquier estilo musical. No encontré link para ver esta historia completa. Aquí unos videos de Roxane (2016) (2019)

2. Para profundizar en la Historia del Tap leer Ludueña (2010); la historia del Tap resumida también puede verse en Cosmopolitan (2018).

divertirnos, lo hacíamos para expresarnos, para proyectar el ritmo elemental que llevábamos dentro.[1] (ELLINGTON, 2016)

En la misma línea George Wolfe, un director de teatro, cine y comedia musical nacido en 1954, expresó para una entrevista en el marco de un documental sobre la historia del Tap del canal A&E Mundo:

Para los negros de EEUU existe un lenguaje perdido, todos nuestros lenguajes se han perdido. Pero aún sin tener la piedra de Roseta de un idioma, los ritmos de esas lenguas permanecen vivos en nuestros cuerpos. Por lo tanto, creo que el Tap o la manera de cantar y caminar de un negro son esos lenguajes perdidos que reaparecen a través de otras vías[2]

Las palabras de Tamaño, bailarín de Tap actual, ponen de manifiesto que en todo ritmo se juegan aspectos que trascienden lo temporal: emociones y estados anímicos de seres humanos son canalizados a través del cuerpo en forma de música o baile en este caso:

Cada vez que bailo Tap repito un ritmo que fue creado en tiempos ancestrales. Quien sepa algo del sistema musical de los tambores, sabrá que todos los patrones rítmicos significan algo. Por ejemplo, hay patrones rítmicos que pueden enloquecer a una persona o pueden significar una invitación. Existe un ritmo o un sistema que corresponde al matrimonio, uno que corresponde a la muerte, uno que corresponde a la alegría de vivir, uno que corresponde al peligro, etc. Hemos aprendido cosas creadas hace mucho tiempo, y al bailarlas sentimos esa memoria en la sangre. Es algo que está más allá de la música. Es un ritmo corporal, es el

---

1. Extracto de "Rhythm" de Edward Kennedy Ellington (Duke Ellington). Del mismo autor el libro más conocido es "Music my Mistress" EEUU. Doubleday, 1973, Traducción de Antonio Padilla "La música es mi amante" Ed. Global Rhythm, Barcelona 2009.

2. George Wolfe, director de cine y teatro en New York dirigió "Bring in 'da Noise/Bring in 'da Funk", Comedia Musical estrenada en 1995 que rescata algunos personajes de raza negra de la historia del Tap, contando en forma irónica cómo eran tratados y destacando que, aunque eran sumamente buenos en ese arte, los roles que les otorgaban en el cine los ridiculizaba. Muestra una nueva generación de bailarines de Tap que como dice "no estarían dispuestos a negociar" como los viejos bailarines lo hicieron. El fragmento citado fue extraído del documental sobre la historia del Tap en el canal A&E Mundo.

corazón. Se sienten los golpes contra el suelo, pero también el cuerpo. De hecho, se escucha incluso el crujir de los huesos...[1]

Ya sea como una "reacción contra la tiranía", como "forma de expresión o de proyección de un ritmo interno", como "lenguaje perdido", o como la reproducción de "un ritmo que fue creado en tiempos ancestrales", estas tres definiciones del Tap expresan una particular idea del Ritmo, y tienen en común el hacer referencia a condiciones humanas, de subjetividad, incluso de trasmisión a través de generaciones, y un sentir "que va más allá" de la música o del baile en sí.

Estas "percepciones" acerca de la relación con el Tap, me llevaron a pensar que el hecho de hacer consciente la sensación del bailarín, permite otorgar un sentido renovado al baile, un sentido en el cuerpo de quienes lo percibieron y en el "cuerpo del mundo"[2]. Esta idea me remite a la noción de "carne" de Merleau Ponty.[3] En relación con la conciencia, a los objetos y al sentido Merleau-Ponty

afirmará que la percepción es expresión, expresión del mundo. Percibir es expresar...el acto en que percibo es aquel en que se expresa un fenómeno que aún permanecía oculto o no dicho: el sentido de la cosa percibida... La conciencia perceptiva es expresiva porque percibir, implica advertir cierta diferencia en relación a un nivel... percibir siempre es servirse de signos diacríticos[4], al igual que realizar con el cuerpo una gesticulación expresiva... (BUCETA, 2019, págs. 71-74)

1. Este fragmento del bailarín de Tap Tamango, lo extraje del documental sobre la historia del Tap del canal A&E Mundo- y me pareció sumamente interesante porque es muy gráfico en el sentido que describe cuando una técnica y un arte se hace "carne" en una persona, recorre todo su ser y se expande conmoviendo a la audiencia. Algunos de sus videos pueden verse en: Tamango Tap Dancing at a Café in Paris (2013). Tamango (2009), Tamango & Robert Wicke (2013).

2. "La esencia no se halla entonces ni encima ni debajo de las apariencias, sino que está incrustada en la carne del mundo que, a su vez, está íntimamente articulada con la carne de mi cuerpo". (BUCETA, 2019)

3. Martín Buceta (2019) en el capítulo 2 del mismo libro presenta el concepto de "carne" como superador de la vieja dicotomía cuerpo-espíritu.

4. Según wikipedia "Un **signo diacrítico** es un signo gráfico que confiere a los signos escritos – no necesariamente letras – un valor especial" (WIKIPEDIA, 2016).

Enseñanza de Tap en la Universidad

En la Universidad Nacional de las Artes, dentro de la sede de Artes del Movimiento, existe la materia "Técnica de Tap I" y "Técnica de Tap II" como materia obligatoria para los alumnos que cursan la carrera Licenciatura en Composición Coreográfica, y optativa para aquellos que cursan otras carreras de Danza. La profesora Titular es Bebe Labougle de la que aprendí y aprendo cada día muchísimo, sobre todo de la parte pedagógica del Tap. Contamos con un músico percusionista acompañante los días martes y un pianista los días jueves. Existe un Programa que organiza, bajo una estructura tradicional, las temáticas a enseñar por cuatrimestre en la materia. La carrera que la enmarca está orientada al estudio de las instancias de producción coreográfica, y apunta a brindar elementos técnicos, teóricos y prácticos para el análisis, la investigación y la producción a través de una pluralidad de perspectivas, discursos y teorías.

Tap como lenguaje

Entendiendo el ritmo como "manera de fluir", o "como forma que adopta aquello que está en movimiento" (BENVENISTE, 1951), y como la acción de un sujeto "…el ritmo es siempre una acción del sujeto, es algo que la gente "hace", sea intérprete, creador o público. Fraisse dice: "…en diverso grado, el ritmo se percibe y se realiza (por quien lo percibe) al mismo tiempo" (BARRETTA, MIRAMONTES, & ZORRILLA, 2013), lo cual va en el mismo sentido del intercambio que habla Merleau-Ponty entre lo que el sujeto percibe y el objeto que es percibido. Este filósofo piensa en una continuidad entre ellos y no una división, idea que rompe con la polaridad cuerpo-espíritu, introduciendo el concepto de "carne" como clave para explicar el pasaje del mundo de la percepción al mundo de la expresión[1].

---

1. "La Carne designa para Merleau-Ponty un tipo de ser *que no tiene nombre en ninguna filosofía ya que no es materia, no es espíritu, no es substancia*. La carne es una *cosa general*, a medio camino entre el individuo espacio-temporal y la idea, debe ser pensada con el antiguo término de elemento que utilizaban los griegos para referirse al agua, al aire, etc…" (BUCETA, 2019, pág. 76)

Tomando este marco teórico es que pienso en una clase de Tap como el ámbito que permite que el conocimiento rítmico-corporal fluya desde una subjetividad a otra, desde el docente hacia el alumno, por ejemplo, creando una experiencia sensorial, musical y visual compartida. El ritmo no se presenta como algo externo, como música "que hay que seguir" con el movimiento, sino que el mismo cuerpo a partir de la acción del sujeto es lo que se constituye como ritmo en sí.

El Tap como técnica, nos da la posibilidad de utilizar una serie de procedimientos y recursos, de los cuales los docentes de esta disciplina nos valemos para trasmitir el conjunto de conocimientos en cuestión, tal como si fuera un lenguaje.

La enseñanza de esta disciplina por momentos recuerda a la de un idioma. Los nombres de los pasos [1] son un recurso didáctico que se suele utilizar para trasmitir lo que se puede hacer con los pies, no sólo por su significado, sino, sobre todo, por su *fonética*[2]. Así, uno de los ejercicios puede ser nombrar los pasos por su nombre como un verso con la voz y luego con los pies o ambas cosas a la vez que, así se facilita que el alumno aprenda paulatinamente la técnica. Luego de un tiempo de ejercitar, ya puede ser capaz de cambiar el orden y de combinar los pasos de distintas formas, lo que sería el comienzo de la improvisación y/o de la creación, para lo cual damos un espacio y un tiempo especial en las clases.

Cada paso o sonido simple, sería el equivalente a una sílaba que conforma una palabra (por ejemplo "Flap") y se asocia a un movimiento determinado. Así varias palabras, organizadas con una forma determinada, son el "texto", y varios pasos de Tap combinados ("Flap" + "ball-change"), marcan tanto un recorrido en el espacio a la vez que se pueden expresar con una musicalidad propia, e incluso llegar a expresar estados de ánimo o contar una historia sirviéndose de este arte como recurso. Aquí podrían

---

1. Puede verse un video instructivo y demostrativo de los pasos de Tap (ASOCIACIÓN ARGENTINA DE TAP, 2019)

2. Los nombres de los pasos suenan en cuanto a su duración como el sonido que deben hacer los pies, por lo tanto, si canto "shu-ffle bal-change- shu-ffle-step- ..." cada sílaba es un sonido. En este ejemplo tengo el equivalente a 4 negras o 4 sonidos en el primer compás y tres negras o sonidos con un silencio de negra en el segundo compás, y esos sonidos son los que deben reproducir los zapatos, similar al canto que da el fraseo de los nombres de los pasos.

aplicarse las dos dimensiones del lenguaje que Merleau Ponty explicitaba en su libro *Fenomenología de la percepción*, específicamente en el capítulo titulado "El cuerpo como expresión y la palabra"[1], en el que hace una distinción entre *lenguaje hablado,* que sería el equivalente al recitado de pasos de Tap, y el *lenguaje hablante,* que podría compararse con el uso de pasos de Tap para expresar emociones en una coreografía o una obra.

Otro gran recurso utilizado para la enseñanza es el *musical,* que junto con los nombres de los pasos, ayuda a enseñar la técnica tal como si fuera una canción. El pulso, el tempo, la acentuación, los distintos tipos de agrupamientos de sonidos, el timbre o tipo de sonido, son nociones que van apareciendo en el proceso de aprendizaje y que ayudan a incorporar lo que luego podrán ejecutar los pies acompañados de todo el cuerpo y del sujeto ejecutante inmerso en una experiencia rítmica. Nombre de los pasos + musicalidad + corporalidad funcionan entonces como un continuo que permite que el aprendizaje se realice de manera agradable, casi natural y procesual.

A mismo tiempo podemos incorporar la idea de *acento*, considerado como el énfasis que se le asigna a determinadas notas o pulsos dentro del discurso musical, a determinadas palabras en una poesía o a un movimiento en danza. La distinta distribución de los acentos en un mismo motivo da resultados muy diferentes. Para vivenciar las distintas posibilidades de acentuación en la clase de Tap, a lo cual se suele sumar no sólo un cambio en la acentuación (musical) sino también un cambio en el traslado de los pesos (movimiento), un ejercicio consiste en hacer una misma combinación de pasos, cambiando la ubicación de los acentos, en relación a un pulso, que es la unidad rítmica de referencia. Por

1. Martin Buceta (2019, pág. 18) analiza esta distinción entre lenguaje hablado y lenguaje hablante, citando a Merleau Ponty "…La palabra es el exceso de nuestra existencia sobre el ser natural. Pero el acto de expresión constituye un mundo lingüístico y un mundo cultural, hace recaer en el ser lo que tendía a un más allá… Digamos que hay dos lenguajes: el lenguaje adquirido de que disponemos, y que desaparece ante el sentido en cuyo portador se ha convertido – y el lenguaje que se hace en el momento de la expresión, y que va justamente a hacerme deslizar desde los signos al sentido –; el lenguaje hablado y el lenguaje hablante. (…) La palabra es el elemento constitutivo del lenguaje, por ello, en este caso Merleau-Ponty se está refiriendo a lo mismo cuando habla de lenguaje hablado y hablante, palabra hablada y hablante. Lo que se quiere resaltar es la existencia de dos dimensiones del lenguaje, una instituída y otra instituyente."

ejemplo, en la tradicional rutina "Shim Sham" –"shuffle step, shuffle step, shuffle ball change, shuffle step" – al cambiar los acentos de los shuffles: shufflé, shúffle o shuffle, cambia la acentuación, el canto y por lo tanto el sentido de toda la frase.

La acentuación determina a su vez distintos tipos de *agrupamientos*. Por ejemplo: Los dos sonidos del shuffle pueden hacerse ocupando un tiempo, o un sonido x tiempo. Y si se agrega un "step", se puede marcar fácilmente un tresillo. Una complicación extra podría ser marcar un tresillo con un paso de dos sonidos (ej.: flap o shuffle o ball-change), quedando los mismos "desplazados" en relación a la forma tradicional.

Otra cuestión a tener en cuenta, y que puede influir en el tipo de agrupaciones, es el *timbre*, o el tipo de sonido particular de cada paso. El sonido cambia según sea el toe (punta) o el heel (taco) que suena, según se ponga o no peso en el movimiento, si se arrastra, si golpean las dos chapas entre sí, si se salta o simplemente si se apoya un pie. Para ejemplificar, el shuffle es un paso compuesto por dos sonidos llamados "brush". Se ejecutan con el "toe" o chapa de la punta del zapato. No hay cambio de peso ni cambio de sonido, el pie va y vuelve, hacia adelante y hacia atrás o hacia los costados. Puede variar la intensidad, la acentuación o la velocidad de cada "brush", pero el timbre es el mismo. Un ejemplo de distintos timbres sería la combinación típica: "step + heel", el Step se ejecuta con la punta del pie dándole peso a la misma y luego con el taco (heel) de la misma pierna se termina de cambiar el peso, casi siempre para continuar con el movimiento del otro pie. El timbre cambia según el par de zapatos, según la fuerza que emplee la persona que baila e incluso según las características del suelo sobre el que se baila.

Es en relación al arte de escribir y la literatura una de las preguntas que se hace Merleau-Ponty y que me propongo reproducir en el arte que me convoca es ¿Cuál es la verdad en el acto creativo? Desde un bailarín – de Tap –, podemos preguntarnos qué hay de verdad en la creación de una obra coreográfica o la interpretación de un número. Según este autor la teoría del lenguaje se suele apoyar en un análisis de formas "exactas", teniendo en cuenta más al que escucha que al que interpreta y perdiendo de vista el valor heurístico del lenguaje, "su función conquistadora" (MERLEAU PONTY, 1968, pág. 18). Menciona una serie de paradojas que hacen del oficio del escritor una tarea ardua y que nos enfrentan al misterio de la expresión literaria, veremos si son aplicables a otras artes.

La primera es la paradoja de lo verdadero y lo imaginario que plantea que lo imaginario es más verdadero que lo verdadero, porque el mundo imaginado – por el escritor – tiene más sentido que el mundo verdadero, siendo que el escritor hace surgir una significación nueva con los giros lingüísticos que elige utilizar. En el campo de la danza el autor de una obra crea una nueva verdad que hace propia valiéndose de los pasos y el lenguaje elegido para expresarlos.

La siguiente paradoja surge de la pregunta ¿logra el escritor/artista/coreógrafo decir aquello que se propone?, muchas veces en el acto de escribir la idea original se va y aparecen nuevas significaciones sin que haya sido la intención del escritor, sino simplemente porque algo "se le va de las manos", el resultado no va de acuerdo a lo planificado obteniendo un resultado no previsto e inesperado, lo cual es aplicable a cualquier arte.

La tercer paradoja es la del silencio y la palabra, sería que el lenguaje dice más cuánto menos cosas dice, y a menudo la expresión se da en los silencios, en lo que se sugiere detrás o al margen de lo proferido, si la expresión es indirecta entonces puede lograr aquello que buscaba decir, dando cuenta que el misterio de la expresión no puede agotarse en conceptos, en palabras exactas, o en pasos de danza bien realizados, se puede decir algo callando o expresándolo indirectamente, decir susurrando "hablar poéticamente del mundo es casi callarse" (MERLEAU PONTY, 1969, pág. 20). Esto es muy común también en música o en baile, los momentos más conmovedores de una película, una obra musical o de una coreografía se dan a partir de un importante silencio o momento de quietud. En Tap muchas no solo debemos prestar atención a los sonidos que producen los zapatos, sino que es muy importante considerar también los silencios como parte de lo expresivo.

La cuarta paradoja es la que surge de lo subjetivo y lo objetivo, similar a la segunda, muchas veces el autor de una obra termina expresando algo inesperado y distinto de lo que creía, y lo que termina diciendo proviene de lo más íntimo de sí e incluso puede ser aquello no sabido que sale a la luz por el misterio del arte. Así el autor también puede ser auditor o lector de su propia obra y re-descubrir aspectos propios pero desconocidos en ella.

La quinta y última paradoja enunciada por Merleau-Ponty es la del autor y el hombre. Es necesario un hombre que haya tenido una vivencia sobre la que se basa su obra, y además para ser tal debe "literalizarse" o en nuestro caso "coreografiarse", es decir entrar en el campo o terreno propio de un arte determinada y sus leyes, para ser lenguaje "verdadero".

A partir de estas reflexiones me vuelvo a preguntar ¿cuál es la particularidad del Tap como lenguaje? ¿Tiene el Tap leyes propias? ¿Tap es Danza? ¿Tap es Música? ¿Tap es Poesía? Quizá sea justamente esa misma su especificidad: sin ser estrictamente ninguna de estas artes puede convertirse y tomar lenguaje de cualquiera de ellas, siendo su producto a veces algo más visual, otras veces algo más musical, otras más poético. Su identidad consiste entonces en su versatilidad y la combinación de lenguajes.

Algunas obras argentinas (las pude ver y en algunas participar como bailarina) que usan el Tap exclusivamente como lenguaje son, por ejemplo: "Gestos y Tap" y "El circo de Alberto Agüero"; en ambas combina Tap, Danza Clásica, Danza Jazz, Mimo, Teatro y Acrobacia con un vestuario exótico, un maquillaje sofisticado y una estética particular. "El Circo" ganó varios premios: "Molière" al mejor director teatral, "Estrella de Mar" a la mejor obra musical y mejor Dirección, "José María Vilches" al mejor espectáculo y "Laurel de Plata" a la personalidad teatral del año. Jazz, Swing, Tap, con la dirección de James Murray y coreografía de Elizabeth de Chapeaurouge fue una mega producción en la calle Corrientes con un gran elenco y músicos en vivo que reunió varios clásicos del Jazz de los musicales y películas de Broadway.

"Subtap" de Romina D'Angelo, combina una historia con un texto sencillo con personajes basados en una situación cotidiana de la vida real como es el subte, con una estética informal. En la reciente obra "Sujeto A" de Marina Casas, se destaca una poética basada en una reflexión psicológica sobre el crecimiento personal y los vínculos, con pocos recursos visuales pero mucha expresión, gran destreza desde el punto de vista técnico y expresivo de parte del elenco, y un relato que desde atrás acompaña cada escena. "Amar, Temer, Partir" de Chakata pone en juego las emociones de cuatro mujeres valiéndose de algunas palabras y bastante expresión teatral, percusión y música en vivo. "Master Tap" de Monica Povoli, Bebe Labougle y Alejandra y Astrid

Castrovidela, espectáculo nominado a los premios ACE, son mini historias dentro de cada coreografía con estilos musicales distintos y una cantante en vivo. "Trip Tap", "Buenos Aires Tap" y "Song & Tap" de Mónica Povoli ponen el eje en el Tap como articulador de distintas micro historias en cada coreografía en las que predomina el jazz, algo de tango, milonga y música clásica. El Tap aparece en todas sus obras como hilo conductor. El número de Vivaldi "Concierto en G" con Tap es mi favorito.

Tap como experiencia individual y colectiva

La variedad de recursos que se utilizan como herramienta para ayudar a que el alumno vivencie el Tap, son un claro ejemplo de lo flexible e integral de este arte. Algunos ejercicios se repiten de una clase a otra para afianzar la mecánica de los movimientos. Las repeticiones son fundamentales para apropiarse de una técnica, pero no cualquier repetición mecánica, sino una repetición consciente, guiada y renovada.

Marie Bardet (2012) en el capítulo *Caminar* analiza qué ocurre cuando se vuelve consciente y se presta especial atención a un hecho tan cotidiano y repetitivo como caminar. Lo mismo podría aplicarse al hecho de bailar. Ella dice

El caminar efectúa un desplazamiento radical de la relación con el tiempo por el hecho de que allí se produce siempre el juego cambiante de la sensación del paso que se efectúa. El caminar constituye para la danza un terreno de exploración de las sensaciones renovadas a cada paso, otra heterogeneización de la danza. Nietzsche reconocía que los oídos del bailarín se situaban en sus talones. El caminar en danza es una escucha al mismo tiempo que un gesto, del suelo y de la tierra. Caminar para escuchar los relieves, los conflictos y las direcciones que se actualizan. Entonces la danza habita el caminar dirigiendo su atención sobre el intercambio gravitatorio siempre en curso, sobre una escucha de las sensaciones y una duración: una temporalidad singular, ya no una línea única con la flecha del tiempo, sino un tiempo cualitativo que mezcla sensación y acción. (BARDET, 2012, pág. 81)

En algunas instancias de la clase de Tap, nos valemos de la métrica para encuadrar dentro de un marco general los sonidos, que ejecutamos, los pensamos racionalmente dentro de una estructura normativa, dentro de una cuenta musical por ejemplo, y según una serie de jerarquías establecidas por la organización de las figuras del compás, en relación a un pulso o unidad, pensamos la distancia entre ellas, los tipos de agrupamiento, la duración, si se trata de tiempo binario, ternario, compuesto, regular, irregular, etc.

Sin embargo, más allá de esta especie de "matemática aplicada", lo que realmente influye y colabora con el aprendizaje del Tap como nuevo lenguaje instituyente es la vivencia propia de esta disciplina como experiencia corporal y rítmica y su potencial capacidad de generar una nueva forma de expresión a partir de este arte. De la reflexión a la acción, de la mente al cuerpo y como soporte de toda la emoción[1] que se presenta como parte ineludible en todo proceso de aprendizaje[2].

Está comprobado científicamente, que, a nivel neuronal, razón y emoción trabajan juntas e incluso son parte de un mismo mecanismo neuronal, y que cuanto más intensa es una emoción mayor es el recuerdo. Más cerca del efecto que produce la palabra que rima que la palabra que explica, como docente intento ante todo inspirar. El aprendizaje fundamental se da al comprender, o mejor dicho al vivenciar, que sería comprender con todo el ser, que la variedad de combinaciones de sonidos, silencios, acentuaciones y movimientos, son casi infinitas, y que por lo tanto las posibilidades de creación también lo son.

Es a medida que se baila, es decir a partir de la propia acción y su puesta en común con otros, que los movimientos corporales

---

1. La palabra emoción viene del latín *emotio, emotionis*, nombre que se deriva del verbo *emovere*. Este verbo se forma sobre *movere* (mover, trasladar, impresionar) con el prefijo e-/ex (de, desde) y significa retirar, desalojar de un sitio, hacer mover. Una emoción es algo que corre al sujeto de su estado habitual. El verbo emocionar, movere tiene del latín una amplísima familia de derivados que ha generado cantidad de palabras como movimiento, motivo, motor, moto y motociclo, conmover y conmoción, remover, remoto, promover y promoción, inconmovible, móvil, mueble, etc. Asimismo, hay compuestos como terremoto y maremoto (AAVV, Etimología de EMOCIÓN). Me llama la atención su cercanía etimológica a la de la palabra Ritmo (fluir), ambas refieren a movimiento y a cambio de un estado anterior a otro, marcando ambas la idea de ciclo y por lo tanto de vida.

2. Información recogida en el "Curso sobre Inteligencia Emocional. Unidad I Introducción a la teoría de la inteligencia emocional", en la Confederación Argentina de Mediana Empresa.

asocian el lenguaje específico del Tap a una musicalidad y a un sentido. Los pies como instrumento de conexión con la tierra[1], desde donde parte la vivencia de una singularidad, son los que marcan el camino de la coreografía y el sonido de la "canción" que se quiere interpretar. La misma, al ser combinada con el recorrido de otros cuerpos y pies que "tocan" otra música (aunque sea o pretenda ser la misma es otra) o que dibujen otro recorrido en el espacio con su movimiento, permiten generar la sensación de pluralidad. Marie Bardet recoge una frase de Valéry que me gusta mucho: "… (la bailarina) ¿teje con sus pies un tapiz indefinible de sensaciones?... ella cruza, descruza, trama la tierra con la duración…" (BARDET, 2012, pág. 47) yo agregaría además, que esos pies tejen redes con otros bailarines: un solista es sostenido por el grupo que hace una base, o distintas melodías rítmicas superpuestas se convierten en una orquesta, o se produce un diálogo a la forma de pregunta-respuesta, o se intercalan a la forma de canon, o se entrecruzan cuerpos con el tradicional diseño de "peine", etc. Así queda la propia singularidad puesta en valor, y se destaca en lugar de perderse dentro de una pluralidad de ritmos, cuerpos, seres o polirrítmias (BARDET, 2012, pág. 127) que se apoyan y refuerzan mutuamente.[2]

1. Marie Bardet en su libro *Pensar con Mover* (2012) se centra en el trabajo de Alain Badiou y de Paul Valéry quienes pensaron acerca de danza y ligereza, en contrapunto con danza y suelo o gravedad, lo cual lleva también a su relación con el tiempo y el espacio. Valéry nombra la obra del pintor Degas quien da especial importancia al piso en sus pinturas de bailarinas "Degas es uno de los raros pintores que han dado al suelo su importancia. Tiene suelos admirables… El suelo es uno de los factores esenciales de la visión de las cosas". "Pero, ahora, ¡no parecería que ella teje con sus pies un tapiz idefinible de sensaciones? Ella cruza, descruza, trama la tierra con la duración…" y luego de estas citas de Valéry Marie Bardet concluye: "La bailarina es entonces descrita a través del entretejido de sus pies con la tierra, lo cual hace aparecer el movimiento danzado allí donde sus sensaciones se mezclan con sus formas" En tap podríamos agregar sus sonidos o sus canciones. Continúa Marie Bardet: "Los pies en movimiento se ligan a la tierra y por ello mismo al tiempo, a la duración, como si en ese entretejido de los pies con el suelo se entremezcla los hilos del cuerpo y del espacio se inmiscuyera ya el hijo rojo del tiempo, de un tiempo cualitativo" (BARDET, 2012, págs. 45-48).

2. El "Estudio de Danza y Arte Figuras" que dirijo junto a Andrea Orozco especialista en enseñar Tap e Iniciación a la Danza a niños hace muchos años, es un "semillero" de futuros bailarines de Tap, es un lugar en el cual vemos crecer a generaciones que se vuelven amantes y seguidoras de este baile, vemos que

Si bien en música existe una definición y una explicación más al estilo occidental de la palabra "polirritmia", la realidad es que en la música africana, y creo yo en la vida, dicha polirritmia se da de forma natural, ocurre en la misma acción – musical – que genera un sentimiento – de pertenencia. El mismo sistema de trasmisión oral de generación en generación de la música africana no habla de pulso, no lo nombran ni lo piensan, sino que lo sienten en el cuerpo, lo hacen "carne". Si yo siento el mío, seguramente será fácil para mis compañeros o mis alumnos ubicar el propio en esta especie de trama o red de ritmos singulares que se "teje" en el proceso de la clase (y de la vida).

Considero el pulso como esqueleto que sostiene la situación de clase (no pensamos "tengo un esqueleto con dos costillas", simplemente esos huesos nos sostienen) y Ritmo como movimiento de ese esqueleto con un propósito creativo, de comunicación, en relación a un otro.

Marie Bardet toma el trabajo del filósofo Paul Valérie, quien explica la esencia de la bailarina como ligereza absoluta. Esto llama su atención y Marie escribe

El lazo entre gravedad y esqueleto es fundamental y la ilusión de una abstracción absoluta de la gravedad es tan increíble como la imagen de un cuerpo sin esqueleto. La danza, relacionada aquí con su esencia de ligereza, es un movimiento sin suelo y sin huesos, sin nada sólido. Sin embargo, las prácticas de danza que pondrán por delante – y sucede muy pronto en el siglo XX – el contacto con el suelo y la gravedad en el movimiento danzado, insistirán igualmente sobre los huesos y las articulaciones como operadores del movimiento, que dan fluidez y dirección al movimiento. (BARDET, 2012, pág. 44)

De la misma forma el pulso (musical y/o fisiológico) funciona como hilo conductor de las distintas singularidades, y lejos de separarlas las une y les da continuidad en esta compleja trama ritmo, cuerpo, sonido, lenguaje y emoción que ocurre en una clase de Tap. Muchas veces lograr el unísono de muchos alumnos expe-

generan vínculos en relación a él, algunos se vuelven maestros otros bailarines, otros amateurs, pero siempre el Tap inspira, entretiene y conecta a las personas. (GALARCE & OROZCO) No es un dato menor que recientemente se haya formado la Asociación Argentina de Tap AATAP https://aatap.org/, y nos enorgullece que tres de los ocho miembros fundadores fueron alumnas de Andrea Orozco desde muy niñas.

rimentando, es casi una utopía, o al menos una meta optimista que vale la pena intentar. Al hacerlo, cada uno se apropia a su forma de la técnica, y la va incorporando como una herramienta más en el abanico de recursos disponibles para ser usados como forma de expresión y comunicación. A medida que se va dominando el Tap se vuelve más interesante el juego de sonidos, y por lo tanto el "diálogo" entre personas, utilizando su lenguaje y permitiendo que este tipo de baile se transforme casi en un idioma.

Conclusiones

En esta experiencia rítmica y emocionante[1] del Tap se borran los límites de las disciplinas, generando la idea de unidad y ruptura con un modelo binario: danza, música y poesía como partes de un mismo acontecimiento, movimiento, sonido, lenguaje y expresión como bases del aprendizaje de este arte y esta técnica, así como razón y acción, mente-cuerpo quedan ya como viejas dicotomías superadas por la comprensión de un sujeto que hace "carne" un cierto arte, comparte su emoción y la liberan en forma de música/ baile/ lenguaje/expresión. Partiendo de la emoción como motor, luego el compromiso y la elección, y por fin el aprendizaje, que como búsqueda en distintas direcciones no tiene fin.

Así es que concibo el Tap y su enseñanza, como ejemplo de experiencia rítmica interdisciplinaria que convoca al sujeto todo, y propongo el desafío de seguir pensando este nuevo paradigma de ritmo[2] como fenómeno complejo, desde una ética que prioriza la acción y/o la percepción de un sujeto protagonista y su relación con otros seres humanos.

1. Ritmo y emoción tienen una etimología similar. Ver citas a pie de página 13 y 24

2. Michon, Pascal: Ritmo, "Ritmanálisis, Ritmología: un Ensayo del Estado de la Cuestión". Artículo que traduje recientemente en 2019: http://rhuthmos.eu/ spip.php?article2340. Artículo original: "Rythme, rythmanalyse, rythmologie: un essai d'état des lieux", Rhuthmos 2012: http://rhuthmos.eu/spip.php?article646

Bibliografía

AAVV. (s.f.). *Etimología de EMOCIÓN*. Obtenido de Diccionario Etimológico Español en Línea: http://etimologias.dechile.net/?emocio.n

AAVV. (s.f.). *Mad Tap Diccionario*. Obtenido de http://madtapdiccionario.blogspot.com/

ASOCIACIÓN ARGENTINA DE TAP. (2019). *GLOSARIO - Over the Top*. Obtenido de YOUTUBE: https://www.youtube.com/watch?v=QvMPnC84EZQ&list=UUu Oar61BaxWDq6OHTJ9Fj1g

BARDET, M. (2012). *Pensar con Mover. Un encuentro entre Danza y Filosofía*. Buenos Aires: Cactus.

BARRETTA, C., MIRAMONTES, L., & ZORRILLA, A. (2013). *Ritmando Danzas. Análisis Rítmico de la Danza*. Buenos Aires: Autores de Argentina.

BENVENISTE, E. (1951). *La notion de rythme dans son expression linguistique*. Presses universitaires de France.

BUCETA, M. (2019). *Merleau Ponty-lector de Proust. Lenguaje y Verdad*. Buenos Aires: SB.

BUTTERFLY, R. (2016). *Roxane Butterfly Living the Tap Life*. Obtenido de YOUTUBE: https://www.youtube.com/watch?v=DvcgvdRM0Aw&feature=y outu.be

BUTTERFLY, R. (2019). *Sur la route du TAP DANCE*. Obtenido de YOUTUBE: https://www.youtube.com/watch?v=nI-K3wrac9s&feature=youtu.be

COSMOLITAP. (2018). *Cosmopolitap historia del tap*. Obtenido de YOUTUBE: https://www.youtube.com/watch?v=FxoBvjP9ziE&feature=yout u.be

ELLINGTON, D. (2016). *The Best of Duke Ellington - Part 2 | Jazz Music*. Obtenido de YOUTUBE: https://www.youtube.com/watch?v=K2wNJj1CcyY

FRAISSE, P. (1976). *Psicología del ritmo*. Madrid: Ediciones Morata.

Fundación Juan March. (2016). *África inspira a occidente. Polirrítmias y polifonías africanas*. Madrid: Departamento de Actividades Culturales, Guía didáctica para el profesor.

GALARCE, M., & OROZCO, A. (s.f.). *Figuras*. Obtenido de FIguras: http://figurasdanzayarte.com.ar/

LUDUEÑA, M. T. (2010). *Tap. Una mirada desde el hemisferio sur*. Libros del Balcón.

MERLEAU PONTY, M. (1968). *Résumés de cours. College de France 1952-1960*. Paris: Gallimard.

MERLEAU PONTY, M. (1969). *La prose du monde*. pARIS: Gallimard.

SLIDE, J. (1958). *YOUTUBE*. Obtenido de https://www.youtube.com/watch?v=iyxhz4dCjmE&feature=youtu.be

SLIDE, J. (2011). *Jimmy Slyde taps on George Benson's guitar*. Obtenido de YOUTUBE: https://youtu.be/oW3CbQZSVIs

TAMANGO. (2009). *Tamango*. Obtenido de YOUTUBE: https://youtu.be/J_B3d-O8m0w

TAMANGO. (2013). *Tamango & Robert Wicke*. Obtenido de YOUTUBE: https://youtu.be/lqb3BlmSt8A

TAMANGO. (2013). *Tamango Tap Dancing at a Café in Paris*. Obtenido de YOUTUBE: : https://youtu.be/ZLHwKT5n5zo

WIKIPEDIA. (2016). *Grafema*. Obtenido de WIKIPEDIA: https://es.wikipedia.org/wiki/Grafema

El ritmo en los textos clásicos confucianos

Fernando Silberstein[1]

La tradición sociocultural derivada de las tres religiones monoteístas está influida por la incorporación de una periodización rítmica subyacente en la concepción de todos los procesos. Esta periodización surge de la Revelación, que organiza un antes y un después, y de la promesa de un final, esto es el Apocalipsis. En nuestra cultura, es usual en la consideración de los acontecimientos políticos, sociales e individuales la división en un antes y un después que define un proceso dado, se torna en frontera divisoria y se constituye en la inauguración de un tiempo nuevo. De modo correlativo, se suele considerar a toda contingencia adversa de nuestro presente como una enseñanza que nos era necesario adquirir para nuestro crecimiento y preparación para el futuro. Es decir, muchas veces subordinamos nuestro presente a nuestro futuro.

Hay pues, en la tradición occidental un ritmo de sentido constituido de un antes y un después, de un presente en alguna medida provisorio que nos prepara para un final y que, en tanto marcado por una Voluntad trascendente que nos fue revelada, nos liga a una comunidad con idéntico destino.

La concepción metafísica china es diferente. No hay Revelación, ni la misma periodización trascendente, ni tampoco promesa de un final. El ser, los acontecimientos, el mundo natural y todos los seres forman parte de un flujo constante de energías opuestas, penetrantes y receptivas, que intercambian sus posiciones en un devenir dialéctico. Este intercambio constante siempre fue y siempre será; no hay principio y no hay final. Ese intercam-

---

1. Doctor en Psicología Clínica y Psicopatología por la Universidad de Lyon 2, Francia, con estudios de postgrado en las Universidades de Paris V, Rennes 2. Es profesor titular de Psicología del Arte de la Facultad de Filosofía y Letras de la Universidad de Buenos Aores y de la Universidad Nacional de Rosario.

bio configura un flujo o empuje de la vida, un supuesto a la vez metafísico, nouménico y de manifestación concreta característico del pensamiento chino. Este fluir es pensado como tomando forma en avances y detenciones a partir de los cuales se construye un vocabulario de fascinante complejidad. Cabe señalar que esa corriente no se plantea en forma abstracta, en sí, sino de algo respecto de algo.

Aunque hay autores como Tchuang-Tsé (1969/1992) que dan cuenta de un principio casi formal de diferenciación inicial, la concepción china se posiciona en la idea de transformaciones que siempre fueron, que se continúan y que seguirán. Este proceso no posee la homogeneidad de un mismo paso a velocidad constante, sino que está construido de acontecimientos, alteraciones dialécticas que dan cauce a ese flujo. Nada, absolutamente nada, queda afuera de este proceso de transformaciones, razón por la cual la idea occidental de un ser, fijo, estable, que pueda ser considerado como tal, antes de referirse a su origen o a su futuro es una idea incomprensible para los chinos. Este es el primer obstáculo para la comprensión recíproca entre Occidente y Oriente.

En China, algo es siempre con relación a otra cosa y ese proceso es el de un devenir dialéctico constante propio del universo. Cada sujeto participa y es afectado en ese devenir recíproco con el mundo. A partir de ello, la circulación y la implicación recíproca de todos los seres en este dinamismo constituyen la base de toda reflexión y también la idea reguladora desde la que se distingue aquello que fluye de lo que se estanca, idea esta última que posee una connotación negativa a evitar.

Este dinamismo que fluye en un proceso dialéctico considera ritmos por lo que esta idea es central en el universo chino y también en el mundo japonés. El ritmo en su forma sonora y gráfica está presente en pintura, música y danza, en los ideales estéticos, en el campo de la matemática tradicional, en el arte militar, en los sistemas oraculares, en los textos de sabiduría y también en los métodos de aprendizaje.

En las dos tradiciones filosóficas originarias de China, el taoísmo y el confucianismo, el ritmo constituye un tema central. A veces como el paso del cauce de la circulación dialéctica, otras, como el ritmo de los acontecimientos del mundo que debe ser descifrado; en ocasiones, como una técnica que permite el control de grandes masas de personas en las ceremonias y en el ejército.

Quienes hayan practicado artes marciales habrán experimentado el método de repetir y repetir rítmicamente hasta dominar la técnica. A veces esta ritmicidad, como en el Tai Chi Chuan, puntúa, acompaña y logra circunscribir una energía que parece fluir y hacerse visible entre los movimientos. La cultura china considera lo invisible una parte material en continuidad con el mundo visible por lo que los gestos tanto como los trazos de caligrafías y pinturas se dibujan y se observan respecto del vacío circundante. También la música es oída desde el silencio y de esas presencias surgen los ritmos de ese vacío invisible y fluyente que está en la base del Tao Te King. En el libro de poemas de Lao-Tsé, refiriéndose al Tao en el primer poema se afirma:

El Tao que puede ser nombrado/ no es el verdadero Tao.

El nombre que se le puede dar/ no es su verdadero nombre.

Sin nombre es el principio del Cielo y la Tierra;/ y con nombre, es la madre de las diez mil cosas.

Desde el No-Ser comprendemos su esencia;/ y desde el Ser, sólo vemos su apariencia.

Ambas cosas, Ser y No-Ser, tienen el mismo/ origen, aunque distinto nombre.

Su identidad es el Misterio. / Y en este Misterio

se halla la puerta de toda maravilla.

(TSÉ, 1972)

Es decir, visible e invisible, ser y no ser advienen desde el misterio y circulan en proceso continuo. Desde el Misterio a la manifestación y de ésta a la desaparición en lo invisible para su aparición posterior; del No-Ser al Ser y desde el Ser al No-Ser. Sin embargo, este fluir no es abstracto, desanclado, sino que circula, a partir de lo visible, con los acontecimientos, los obstáculos, la geografía, los diferentes cauces. Ahí y en cada caso surgen los ritmos. Todas las disciplinas chinas trabajan sobre los ritmos de una circulación nouménica sin principio ni fin y de manifestación concreta.

El alcance de este proceso puede ser estudiado en el uso político de la música, tal como está estudiada en el Libro de los

Ritos o Ceremonias, el Li Ki (1913), y en uno de sus capítulos, el Libro de la Música, el Yo Ki, que forma parte del Gran Qing, un conjunto de textos del canon confuciano.

La música en los textos confucianos

La música, su uso y sus efectos son tratados en el Li Ki el libro de los ritos y en el Yo Ki, el libro de la música. Li, es traducido como ritos o ceremonias y alude a la acción para obtener los favores del Cielo. Significa también la virtud del respeto, la consideración, las buenas maneras, la decencia, la ley moral y las reglas de conducta.

El primer ritmo para los chinos encuentra un eco en el de la oscilación complementaria del yin y del yang, la vía que por la dialéctica de los opuestos circula en el universo y el ser humano. La música viene del principio yang y las ceremonias del principio yin. Si ambos están en armonía, música y rito, ponen en comunicación a los seres humanos con los espíritus del cielo y la tierra, vía de la prosperidad en la naturaleza.

Se consideraba que la música por su acción estaba en el origen yang de todas las cosas porque imitaba de este modo la acción del Cielo opuesta a la tierra yin.

Las ceremonias se preparaban como grandes puestas en escena de principios morales ligados a las jerarquías confucianas del orden social y político. La música acompañaba estas ceremonias, pero también era interpretada de modo separado. Todo ese conjunto ritual conllevaba una serie de pasos ordenados que se organizaban con el objetivo de lograr una expresión del orden político y emocional del pueblo que asistía.

Esos pasos en el conjunto se organizaban rítmicamente. Los instrumentos de percusión, campanas, tambores, piedras musicales, plumas de faisán, flautas de dos tubos, flautas de un sólo tubo, escudos, hachas de guerra eran los instrumentos empleados en la música. La inclinación del cuerpo o de la cabeza, la disposición de los músicos o de los actores en un espacio definido, la rapidez y la lentitud de los movimientos formaban el decorado de los conciertos de música, Los vasos redondos o cuadrados, las mesas pequeñas, los vasos de madera, las figuras y los emblemas con la forma y las dimensiones prescritas eran los objetos empleados en las ceremonias. Subir y bajar, ocupar cada uno su rango, vestir sobre la túnica principal otras dos o una, todo eso formaba el decorado de las ceremonias que se preparaban en cada uno de estos detalles reflejando por jerarquías los tipos de relaciones sociales del sistema social confuciano. Imaginemos esa escena de percusión, música, decorados, movimientos, gestos, organizados por opuestos y formas contrastantes, posiciones altas, bajas escenificando los modelos y órdenes de las relaciones sociales del sistema político imperial.

Ceremonias, música, castigos y las leyes tenían un sólo y mismo objetivo el de unir los corazones para establecer el orden. Música y administración pública, afirmaba Confucio, poseen una gran influencia una sobre la otra.

Con la música se buscaba expresar el sentimiento del pueblo. De este modo, se intentaba conseguir la paz social y en cierto modo, aquietar el eventual descontento por un mal gobernante. Los Directores de Música, altos personajes de la estructura del gobierno imperial, debían recolectar los ritmos y las canciones del pueblo para observar con ello, la opinión predominante de los gobernados. Estudiaban para ello los ritmos de esas canciones populares. Así el fin último de la música y de los ritos era el de buscar la fuente de los sentimientos del pueblo y descubrir lo que debía ser corregido.

En épocas de tranquilidad, las canciones eran calmas y alegres porque el gobierno estaba bien administrado. En los tiempos difíciles, las canciones anunciaban el descontento y la indignación porque el gobierno era injusto. Cuando había una amenaza de ruina la música estaba atravesada por la tristeza y la ansiedad.

La música en estas ceremonias era utilizada como modo de transmitir emociones a los asistentes y ejercer de este modo un control social sobre los mismos. Un error en el orden de estas ceremonias era duramente castigado. Un cambio en la música o en los instrumentos se condenaba con el exilio porque era considerado una desobediencia.

El objetivo de las ceremonias era el de poner en evidencia la sinceridad y eliminar las hipocresías. Por ambas vías se buscaba restablecer el orden de las relaciones sociales, gobernante-gobernado, padre-hijo.

La música buscaba establecer la paz y la alegría y era parte integrante del sistema de regulación del Estado. Las reglas, para

Confucio, son los frutos de la justicia. Gobernar un estado sin la ayuda de reglas se consideraba difícil y la música formaba parte de ese sistema de regulaciones sociales basadas en la virtud y la conformidad con la vía natural.

Para los chinos la música tiene su origen en el interior de las personas, en los sentimientos que nacen del corazón bajo la influencia de los objetos exteriores, y se compone de un conjunto de modulaciones. Se distinguen tipos de modulación según la duración del sonido:

– Sonidos débiles y cortos ligados a la amargura;

– Sonidos amplios y que se prolongan asociados a la impresión de felicidad;

– El sonido que aparece de repente y se extiende hacia lo lejos cuando el corazón siente una alegría súbita y pasajera;

– Una voz que se infla con tono amargo cuando el corazón está encolerizado;

– Sonidos francos y directos cuando el corazón está imbuido de respeto;

– Sonidos blandos y dulces cuando el corazón posee un sentimiento de afecto.

Estos seis sentimientos no se consideraban innatos sino nacidos de la influencia de los objetos exteriores. De este modo los antiguos soberanos daban una importancia especial a todo lo que pudiera actuar sobre los sentimientos y empleaban las ceremonias para dirigir las voluntades, la música para unir las voces, las leyes para establecer la unidad de la acción y los castigos para impedir los desórdenes.

En la práctica de los ritos y en la composición e interpretación de la música los ritmos eran cuidadosamente planificados. En la música los ritmos se construían por contrastes de opuestos, de graves y agudos, de sonidos francos y sonidos velados. El musicólogo y sinólogo francés Louis Laloy anota que los sistemas rítmicos que él observó eran predominantemente binarios o ternarios.

Entre los instrumentos que se utilizaban tenían un lugar especial los de percusión: tambores, piedras musicales -litófonos e idiófonos- y campanas. Los encargados de los mismos eran príncipes y comandantes y no dejaban nunca de tener sus instrumentos colgados de la cintura. Los soldados y oficiales de bajo rango llevaban consigo, en cambio, guitarras e instrumentos de lutería.

En caso de duelos por muertes o de épocas de malas cosechas, las ceremonias no tenían música, pero no se suspendía nunca el uso de la percusión.

Cabe agregar que la música y el ritmo eran una parte fundamental de la enseñanza militar.

Eran los Directores de la Música quienes estaban encargados de la educación y el entrenamiento militar de los soldados. También enseñaban la poesía, la historia y las ceremonias, daban lecciones al heredero presuntivo, a los otros hijos del emperador y a los hijos de los señores feudales. Entre sus alumnos, elegían a los más destacados para presentarlos al emperador y al ministro de guerra para su ubicación en el ejército. Es decir, la música y el aprendizaje de su estructura rítmica constituían una parte central de la formación de un soldado.

El entrenamiento dado por el director de música implicaba hacerlos cantar mientras hacían sus evoluciones marchando, luego de haber hecho las ofrendas (de algas y berros) al dios de la música. El emperador asistía a estos ejercicios presididos por el Director de Música.

A los príncipes herederos y a aquellos que habían sido elegidos para este estudio se les enseñaban, según la estación del año, distintas materias. En primavera y en verano aprendían a manejar el escudo y la lanza mientras tocaban y cantaban las evoluciones militares. En otoño e invierno aprendían a ejecutar la flauta y a sostener la pluma de faisán. El segundo maestro de música enseñaba a manejar el escudo y por su parte el maestro de flauta enseñaba a manejar la lanza. Un ayudante marcaba las medidas con el tambor, cuando se cantaba. En primavera aprendían a cantar y tocar instrumentos de cuerda. Finalmente, en otoño aprendían las ceremonias.

Es decir, el aprendizaje del uso diestro de las armas de guerra estaba precedido por el aprendizaje rítmico de algunos instrumentos musicales. Un famoso guerrero japonés muy posterior a estos textos escribió que, en un duelo con espadas, debe prestarse atención al ritmo del oponente, imitarlo y luego cambiarlo para dar en ese momento de sorpresa, la estocada mortal.

El Director de Música enseñaba a interpretar los cantos en las evoluciones militares con escudos y con hachas de guerra.

También enseñaba el ritmo sucesivo de una conversación, cuándo callarse y cuándo hablar con personas mayores y de distintas jerarquías.

A los príncipes herederos se les enseñaba además la música porque se consideraba que regulaba el interior del sujeto. Las ceremonias en cambio regulaban lo externo. Los efectos de la música, aunque interiores aparecían en el exterior del sujeto y tenían como resultado la serenidad del alma, el respeto exterior, el respeto interior, la amenidad y la elegancia de las maneras, rasgos valorados en el futuro gobernante. La música en sí misma era considerada una vía de perfeccionamiento de la virtud.

No obstante, el desarrollo más elaborado sobre sistemas rítmicos que retratan sentimientos y situaciones externas se encuentra en otro de los libros del canon confucianista, el Yi Ching. La escritura se desarrolló en China con las anotaciones en escápulas de animales quemadas usadas como oráculos, razón por la cual, el estudio de los mismos permite acercarse a las bases del pensamiento chino. El libro del Yi Ching (ANÓNIMO, 1985) consiste en comentarios a los hexagramas de líneas enteras o quebradas surgidas de las sumas de números pares o impares obtenidas del azar de tirar monedas o seleccionar tallos de milenrama. Esos comentarios hacen de este libro una fuente de sabiduría confuciana.

Esas interpretaciones consisten en explicaciones de las tensiones del tiempo interpretando esas líneas como fuertes o débiles, obstáculos o facilitaciones que en su sucesión mostrarían el desarrollo de todo proceso de acción y cambio. Estos ritmos se semantizan a través de una lectura surgida de la división del hexagrama de seis líneas en dos trigramas de tres en las que la primera línea se vincula con la cuarta, la segunda con la quinta y la tercera con la sexta. Como he publicado en varias ocasiones, esta estructura posee la característica que la primera y la tercera línea muestran el comienzo de una acción; la segunda y la quinta hablan de la acción en proceso; la tercera y sexta muestran la consecuencia de la acción. De este modo los trigramas muestran una estructura narrativa básica que completa su sentido refiriéndose a las líneas del otro trigrama como consecuencia del primero.

La inteligencia de quienes escribieron la interpretación de esas líneas fuertes o débiles en posiciones de comienzo, desarrollo o culminación de una acción permite una sofisticada comprensión de acontecimientos y emociones a partir de esa formulación binaria.

Los trigramas son:

– 010. Una primera línea débil, la segunda fuerte y la tercera débil que representa una fuerte acción con ausencia de definición de un sujeto agente y de la consecuencia, es decir una acción sin control. Se interpreta como acción sin control, peligro.

– 100. Primera línea fuerte y las dos siguientes débiles es lo que suscita el movimiento. Repetido en los dos trigramas del hexagrama representa el terror.

– 110. Sujeto, acción y consecuencia débil representa la blandura y el oráculo recomienda perseverancia ya que falta la consecuencia.

111. Es la acción que culmina positivamente, lo Creativo.

000. Es la recepción pura.

001. Es la detención al final, la quietud. Es el ritmo del video que vimos y la coincidencia para la educación de los niños no creo que sea casual.

101. El fuego, lo adherente. La ausencia de forma por la debilidad del trazo central, de la acción, por lo que se la asocia con lo que se adhiere.

011. Lo suave, lo penetrante, que se asocia con la claridad del juicio, a la suave penetración de la claridad del juicio en una comunidad.

La interacción de estos trigramas entre sí da lugar a interpretaciones de múltiples situaciones y sus transformaciones.

El ritmo, pulso de los alientos de la vida, desde la música, las ceremonias rituales, la pintura, la caligrafía, la poesía, resuena con sentidos en las emociones y en los pensamientos.

Sin embargo, es en el sistema binario del Yi Ching que alcanza su interpretación más desarrollada y por ese camino, retorna para expresar los sentidos del Tiempo.

Bibliografía

ANÓNIMO (1913). *Li Ki ou Mémoires sur les bienséances et les céremonies.* (S. Couvreur, Trad.) Imprimerie de la Mission Catholique.

ANÓNIMO (1985). *I Ching.* (Richard Wilhelm, Trad.) Buenos Aires: Edhasa.

TSE, C. (Tchouang Tseu) (1969/1992.). *Œuvre complète.* (L. Kia-hway, Trad.) Paris: Gallimard/Unesco.

GRANET, M. (1934), *La pensée chinoise* Paris: Albin Michel.

HU-STERK, F. (2004), *La beauté autrement. Introduction à l'esthétique chinoise* Paris: You Feng.

JULLIEN, F. (1989). *Procès ou Création* Paris: Seuil.

JULLIEN, F. (1991). *Éloge de la fadeur* Paris: Éditions Phillipe Picquier.

KERMODE, F. (2000). *El sentido de un final* Barcelona: Gedisa.

Lijing (1885). *Tratado de los ritos* (Fulvio Scarcia y Leonardo la Rosa, Trad.) Saco. Vol I (I-VIII) y II (IX-XVIII)

SILBERSTEIN, F. (1995). Análisis de los hexagramas del I Ching. *Revista Neurosciencias y Humanidades, año 2, nro. 2,* 22-26.

SILBERSTEIN, F. (2010). Análisis de los hexagramas del I Ching. *Rorschach Semiótica y Arte*, 63-70.

SILBERSTEIN, F. (2012). El Yi Jing. Estructura y filosofía. En J. M. RENOLD, *Miradas antropológicas sobre la vida religiosa III. Religiones mágicas: breves observaciones antropológicas y otros ensayos* (págs. 249-267). Buenos Aires: Ciccus.

TSÉ, L. (1972). *Tao Te King.* (v. c. Bezzi, Trad.) Lima: Ignacio Prado Pastor Editor.

Pensar el significado del *movimiento* de los cuerpos a partir de "¿Disciplina, Control o Ritmo?" de Pascal Michon

Gabriela D'Odorico[1]

> *Los nuevos individuos tienen algo de ese viejo*
> *mapa del Imperio, descrito por Borges, y cuyos*
> *restos aún están en el desierto, como espacios*
> *abandonados a ermitaños, mendigos y animales.*
> Pascal Michon

Leer a Pascal Michon es un reto que despierta enorme entusiasmo. El énfasis de sus textos, su preocupación por desentrañar el actual funcionamiento del poder y su auténtico interés por comprender el comportamiento social en nuestras sociedades tecnologizadas son algunos motivos que incitan a la lectura. Porque antes que nada Michon precisa tomar distancia de las categorías clásicas que explicaron el ejercicio del poder sobre los cuerpos: estructura, sistema, función o individuo entre los términos recurrentes que conforman esa lista. Sus escritos retoman y dinamizan la vieja preocupación de la filosofía acerca de cómo pensar la novedad disponiendo, tan solo, de términos viejos repetidos hasta el hartazgo. Lo aprendimos de quienes lo lograron, como Spinoza luchando con el vocabulario teológico. O de Marx, obcecado en producir un pensamiento práctico para la revolución en la jerga hegeliana. Michon nos advierte que buena parte del pensamiento autodenominado "crítico" hoy perdió esa batalla sin tristeza, su simbiosis con el *statu quo* puede pasar inadvertida porque ocurre a una velocidad sorprendente. De allí que el prólogo de *Los ritmos de lo político* proponga una revisión exhaustiva del funcionamiento del poder como condición necesaria para generar un pensamiento práctico con carácter transformador (MICHON, 2007, pág. 20). Los resortes con los que cuenta el ejercicio del poder requieren una indagación acerca de su génesis histórica, eso significa problematizarlos. Con este gesto teórico sin concesiones los lectores somos invitados a abandonar, al menos por un momento, la disposición contemplativa, predominante en la estética moderna. Se trata de asumir una actitud poética creativa que se acerca al trabajo de la *performance* en cualquiera de sus dimensiones: la artística, la política o la discursiva.

El movimiento de los cuerpos entre la disciplina y el control

Asumiendo que hay una materialidad tecnológica que viene produciéndonos como especie humano-tecnológica, un discurso que nos atraviesa porque "nos habla" o un movimiento que imponiéndonos su ritmo también "nos actúa", las relaciones entre los cuerpos que conforman los grupos sociales necesitan volver a pensarse. Podemos contar con los textos de Michon para iniciar el trabajo.

La noción de "movimiento", por su pluralidad semántica, nos reenvía a caracterizaciones que atañen a los cuerpos individuales o colectivos, a los modos de agrupación política o a formas de vivir. Muestras de ello son las referencias al movimiento en relación con el espacio, los "movimientos sociales" o las "movidas" culturales de índole diversa. El artículo "Disciplina, control o ritmo" (MICHON, 2019) nos recuerda la caracterización de Gilles Deleuze acerca del pasaje desde las denominadas "sociedades disciplinarias" a las "sociedades de control". Deleuze reconstruye la caracterización foucaultiana de las sociedades disciplinarias a partir de prácticas de encierro que recrean el modelo carcelario panóptico ideado por Bentham en el siglo XVIII. El encierro aparece aplicado, incluso actualmente, a instituciones diversas como el hospital, la escuela o la fábrica. Sin embargo, Deleuze remarca que nuestro tiempo está signado por un deslizamiento hacia sociedades de control, es decir, sociedades de medios abiertos, donde vigilancia y la comunicación son continuas e instantáneas. Preguntarnos por medio de qué técnicas nuestras sociedades producen la subjetividad individual y colectiva nos permitiría desentrañar nuevas relaciones de poder y dominación preponderantes. Apoyándose en estos autores, Michon propone entender que el poder es ante todo una relación, es móvil y está dotado de una dinámica que puede elucidarse a partir de su *ritmo*.

La novedad política de las sociedades de control reside, según Michon, en que el poder se ejerce cada vez más en formas rítmicas, cuestión que obliga a buscar criterios éticos y políticos para evaluarlas si queremos transformarlas. Para ello, ya no podemos partir de los individuos y de sus interacciones si queremos comprender cómo funciona el orden social o la vida en "común". Michon nos invita a hacer lo opuesto, es decir, a comprender el proceso de individuación en sus diferentes niveles: cuerpo, lenguaje, grupos sociales. Sólo anteponiendo esos procesos es posible juzgar las formas de vida que se producen y las jerarquías que plasman esos procesos.

Y es aquí cuando llegamos a un nudo teórico importante del artículo "Disciplina, control o ritmo": "esas 'formas de desarrollarse' explican las cualidades y defectos de las múltiples formas de individuación que observamos. Podemos llamar a estas 'formas de desarrollarse' *rhuthmoi*" (MICHON, 2019, pág. 3). Cuando analizamos la subjetividad singular o colectiva no es posible identificar un flujo simple sino algo así como un entramado de ritmos que se acoplan, una especie de "ritmo de ritmos". Dicho esto, la subjetividad debe entenderse como un proceso producido por técnicas que buscan generar ritmos (o mejor *rhuthmoi*) en los "flujos" de cuerpos y lenguaje. Esos ritmos, a su vez, están condicionados por una serie de cambios específicos propios de cada uno de los grupos sociales. Es por ello que el ritmo como "manera de fluir" debe entenderse, además – ante todo, interpretamos nosotros – como un concepto político y ético.

Los ritmos laxos y no métricos, propiciados por las nuevas tecnologías que organizan el trabajo tardo capitalista, incluyen el aplastamiento de las especializaciones con sus jerarquías, los horarios flexibilizados, el aumento de tareas que deben resolverse en forma domiciliarias entremezcladas con la vida doméstica (*outwork*), la intensificación de la vigilancia a través de nuevos dispositivos técnicos de control y, como consecuencia de todos estos cambios, la reducción severa en la oferta y los puestos laborales. El análisis que despliega Michon nos devuelve una imagen de nosotros mismos en los que ya estamos producidos y moldeados como otro ladrillo más en la pared, un ladrillo que es aplastante, pero a la vez protector, que posee sus propios ritmos musicales, corporales y de imagen. El despliegue de las nuevas técnicas rítmicas obliga a los cuerpos a deslizarse sobre el delgado espesor de un plano, a extenderse todo lo posible en un conjunto de islas flotantes, derivando aleatoriamente en la superficie de un océano (MICHON, 2019, pág. 8).

Las ideas de Michon son inspiradoras para iluminar discusiones sobre el trabajo domiciliario, doméstico o del *oikos* (casa) que los estudios de género, discapacidad, infancia o vejez están proponiendo. Marx se había referido a este tipo de trabajo como reproductivo – alimentación, abrigo, higiene, cuidados, entre otros – sostén del trabajo productivo del capitalismo. Los mencionados estudios no sólo califican el trabajo reproductivo, ante todo como invisibilizado, no contabilizado ni remunerado, sino que denuncian la expansión del formato bajo la denominación de trabajo flexible. Esto significaría la conversión progresiva del trabajo productivo flexibilizado en "domiciliario" con su consiguiente invisibilidad y el peligro para su remuneración. Las preguntas que surgen a partir de los textos de Michon son ¿cómo pueden caracterizarse los ritmos propios, si los hubiera, de los modos del trabajo productivo y el reproductivo o doméstico? ¿Cuál es el ritmo que permite la conversión del trabajo productivo en trabajo flexible, fluido e invisible para la reproducción de la vida?

Sobre el ritmo de la vida en común

Las preguntas formuladas conducen al estudio del modo en que se construyen los vínculos para la vida en común las sociedades actuales. También nos obligan a exceder el mero proceso productivo del conocimiento que persigue resultados para el cumplimiento burocrático, meramente acreditable, para generar un pensamiento que pueda identificar rítmicamente las nuevas configuraciones. Michon señala que debido a una "superficialidad generalizada", los vínculos fuertes, basados en el sentimiento comunitario, el espíritu de equipo, el honor y la conciencia de clase, tienden a desaparecer a favor de nuevos lazos frágiles y sumamente variables. Las democracias liberales se pueden interpretar como aparatos que, ante todo, debilitan, disuelven y "fluidifican" en forma generalizada los cuerpos, los discursos y lo social. Estas sociedades flexibles y fluidas son a la vez disipativas y dispersivas, en definitiva, son reticulares. En ella proliferan individuos débiles e indecisos, atrapados y obligados por las necesidades de producción e intercambio de mercado, individuos reticulares.

Michon se apoya en las ideas del fabuloso poeta ruso Osip Mandelstam (2003) que afirmaba que hay grupos humanos con *baja ritmicidad* no necesariamente dominados por ritmos métricos, binarios o mecánicos propios de movimientos de masas tales como el nazismo o el estalinismo. Son ritmos que resuenan en la región latinoamericana bajo la forma de los golpes de Estado, las asonadas militares o la reclusión domiciliaria y carcelaria del toque de queda. Esta perspectiva del ritmo nos permite hablar de *ritmicidad* e interpretar también, según Michon, las empresas neoliberales y los medios de comunicación basados en "nuevas tecnologías" como ejemplos de ritmos difusos, de muy pocos acentos y muy baja tensión interna. En las redes sociales, por ejemplo, la información rara vez tiene una energía capaz de modular los campos en los que ingresa. Esta es la explicación acerca de que nuestro mundo no sólo es flexible y fluido, sino también disipativo y dispersivo. Habitamos un mundo donde los ritmos del lenguaje, el cuerpo y los grupos sociales son asténicos, de *baja ritmicidad*, tendientes a la liquidez.[1] (MICHON, 2019, pág. 12). Podríamos interpretar que el fenómeno de extracción de plusvalía en el capitalismo contemporáneo incluye el despojo de toda potencia o de toda energía que pueda exceder la mera reproducción de la vida. Habitaríamos, entonces, un orden que nos confina a aceptar que la vida es la mera supervivencia.

1. Para un desarrollo más extenso sobre el tema ver Michon (2007, pp. 229-234).

Por el contrario, los grupos democráticos pueden definirse como dotados de una *fuerte ritmicidad*. Ésta se caracteriza por una multiplicidad interna en ebullición y no resuelta. Eso significa que las contradicciones, las luchas y los conflictos internos se manifiestan sin suprimir los antagonismos, asegurando que simultáneamente ocurra tanto el florecimiento de cada individuo en particular como el de los grupos a los que ese mismo individuo pertenece. La consecución de ritmos ajustados podemos encontrarlos en esas obras de arte, en esos movimientos sociales o en esas prácticas diarias que no borran las singularidades de los integrantes. Al contrario, individuos y grupos pueden verse retroalimentados entre sí, potenciándose mutuamente. Estos ritmos de *alta ritmicidad* son los deseables, los que deberíamos buscar, poder recrear – y especialmente crear colectivamente – sabiendo que estamos dentro de un capitalismo flexible-reticular y mediático. Pensar rítmicamente la construcción de lo común parece indisociable de la caracterización del ritmo de los cuerpos ensamblados en movimiento.

Sobre el ritmo de lo común, más preguntas

El espacio público fue pensado en la filosofía occidental como el espacio físico del ágora o la plaza en el que los cuerpos aparecen y se manifiestan. Los trabajos de la *performance* hace tiempo que vienen revalorizando esa función con sus intervenciones artísticas y políticas. También es la performance que, junto con movimientos sociales, puso de manifiesto que el apoyo de los cuerpos en el denominado espacio público cumple su función si cuenta con un soporte infraestructural para su uso y permanencia. Ese soporte no lo constituye únicamente la materialidad de las calles, los senderos y las plazas. Será necesario contar con soportes infraestructurales como el empleo, la educación, la alimentación, la vivienda o la libertad de movimientos para que esa ubicación de los cuerpos sea posible y perdure. Pero, además, y tal vez este punto sea el más importante, la posibilidad de ocupar y permanecer en el lugar depende de la historia de un movimiento comunitario que pueda sostener la permanencia de esos cuerpos creando espacios, o apareciendo a través de otros como los cuerpos de los desaparecidos de la última dictadura en los cuerpos de las Madres de Plaza de Mayo. Con ello se advierte que los cuerpos ya están en una relación de mutua asistencia, desde el momento del nacimiento, para afrontar la reproducción de la vida como en la cría, la provisión de alimento, el cuidado de la salud o la fragilidad de la vejez. La noción de individuo parece una invención moderna que no termina de dar cuenta de este problema. Por eso ¿se podría identificar una *alta ritmicidad* en esos ensamblajes corporales? ¿Es posible retomar la propuesta de Michon para pensar modos de la vida en común que se resistan a la astenia? Son preguntas inspiradas en su afirmación acerca de promover un mundo donde la individuación se realice a través de formas intensivas de vida (MICHON, 2019, pág. 13).

Bibliografía

MANDELSTAM, O. (2003). *El Estado y el ritmo en Sobre la naturaleza de las palabras y otros ensayos.* Madrid: Ardora.
MICHON, P. (2007). *Les rythmes du politique. Démocratie et capitalisme mondialisé.* Paris: Les prairies ordinaires.
MICHON, P. (2019). *¿Disciplina, Control o Ritmo?*Obtenido de Rhuthmos: http://rhuthmos.eu/spip.php?article2278

Ritmo y ruido: entre el disciplinamiento metronómico y el caos semántico

Alan Courtis[1]

Introducción

El presente artículo propone una serie de reflexiones acerca del ritmo y su relación con el concepto de ruido desde una perspectiva musical/sonora pero que también incluye derivaciones a nivel social. Para ello, la temática fue abordada a partir de enfoques de diversas disciplinas que abarcan un amplio abanico de posturas que en muchos casos coinciden y en otros no, dejando el debate abierto. Ritmo y música comparten innegables raíces comunes que los conectan hasta volverlos, en algunos casos, conceptos prácticamente inseparables. El ruido fue excluido del campo musical por largos siglos, pero a partir de comienzos del siglo XX su inclusión se volvió cada vez más notoria, en especial debido a los desarrollos tecnológicos. Las conexiones entre ambos conceptos pueden ayudarnos a comprender aspectos centrales de los complejos procesos que están teniendo lugar en las cambiantes sociedades contemporáneas. Estas reflexiones no pretenden agotar la cuestión, pero sí quieren traer a la luz tópicos relevantes para poder indagar sus posibles implicancias tanto a nivel teórico como experiencial.

Ritmo y Disciplinamiento Metronómico en la Música

Desde una perspectiva general, sería imposible siquiera pensar la música sin alguna forma de ritmo, ya que éste es uno de sus elementos constitutivos fundamentales. Etimológicamente el

---

1. Licenciado en Ciencias de la Comunicación en la Universidad de Buenos Aires. Musico. Ha editado más de 100 álbumes en sellos de todo el mundo.

término "ritmo" viene del latín "rhythmus" y a su vez del griego "ρυθμος" (rythmos) y de "ρειν" (rein) que significa fluir, compartiendo la misma raíz con *rivus*, es decir: río. La fluidez parece ser entonces una puerta de entrada para pensar lo rítmico; no sólo por el fluir del agua – en este caso simbolizada por el río- sino además por el de la sangre que circula a través de los cuerpos, respondiendo a sus propios ciclos. En los cuerpos, todo movimiento responde de alguna forma a este fluir circulatorio y a los efectos de sus periodicidades o aperiodicidades. Ahí vemos ya, varios sentidos que nos marcan la relación existente entre lo rítmico y el cuerpo en su carácter vivencial. Este campo fenomenológico corporal/social, que resulta inseparable de toda existencia personal y de toda interacción colectiva, nos remite directamente al concepto de *rhuthmos* en su sentido pre-platónico (BENVENISTE, 1979).

La vinculación de lo rítmico con lo corporal y con los ciclos naturales, tiene larga tradición en el enfoque musical de diversas culturas; pensemos sino en los usos de la percusión colectiva en continente el africano, en los juegos vocales de los Inuit o en las prácticas musicales de diversas etnias de pueblos originarios en América Latina, por mencionar sólo algunos pocos ejemplos. Sin embargo, este vínculo entre el ritmo interno y los ciclos naturales parecería no haber sido el eje central adoptado por la pedagogía musical en occidente a partir de la consolidación del sistema temperado y de la notación pentagramada. En gran medida, la educación musical tradicional se centró históricamente en privilegiar un método de disciplinamiento para poder controlar el tempo metronómico: compás y tempo en tanto vectores medibles para – mediante entrenamiento de control especializado – poder someter a voluntad. Por supuesto podemos encontrar excepciones, pero esta tendencia general puede rastrearse incluso en vastos sectores de la pedagogía musical que subsiste hasta nuestros días.

La reducción del fenómeno rítmico a su mera medición metronómica constituye una temática a estudiar por sí misma, pero en el caso de la formación musical este tipo de enfoque tiene consecuencias tanto sobre el músico como sobre su práctica musical. Si en ciertas culturas lo rítmico es fuente de conexión gestual y de empatía colectiva, el abuso de la rigidez del metrónomo puede tener efectos diametralmente opuestos. En este sentido, ya Attali comparaba críticamente la Orquesta Sinfónica con la Fábrica señalando la alienación intrínseca que ambas generan (ATTALI, 2005). Por eso, encontrar formas de devolver al músico a la complejidad de una rítmica que no sea una mera reproducción del automatismo metronómico, supone un cambio de paradigma que muchos educadores han propuesto; sin embargo, queda mucho por hacer en este campo. Por supuesto, no se trata de invalidar la capacidad de cualquier músico para poder adecuarse a un determinado "pulso standart", sino más bien entender que la problemática rítmica va mucho más allá de esa mera adaptación a la medida dada. Esto implica poder tener en cuenta los tiempos particulares de cada sujeto y cómo éstos interactúan en un entorno puntual con los marcos que toda composición musical propone.

En cualquier caso, la obsesión con la medición y el control no son de ninguna manera hechos aislados, sino instancias claramente relacionadas con prácticas a mucho más vastas que regulan tanto los tiempos sociales como las formas en las que circula socialmente el poder. En este sentido, Foucault (1976) desarrolla el concepto histórico "sociedades disciplinarias" y posteriormente Deleuze (2012) lo actualiza con el término de "sociedades de control". Ambos conceptos nos sirven para pensar un marco histórico y social en el que se desarrolla el "disciplinamiento metronómico" mencionado, al que la pedagogía musical parece haberle dado un lugar preferencial.

Ritmo y Ruido

La cualidad polisémica del término "ruido" hace que tenga una importancia singular en nuestra época. Las teorías de la comunicación empezaron a pensar este término abordándolo de una perspectiva centrada su propio campo. Para la Teoría Shannoniana, el ruido constituía el residuo, lo indeseable, es decir, la interferencia que obstaculizaba la circulación del mensaje entre emisor y receptor. Otras corrientes como la Teoría Crítica de Frankfurt, la Escuela de Birmingham, etc. intentaron de entender el ruido, pero ampliando su sentido al campo semántico, además de la inclusión del contexto, con su complejo entramado de denotaciones y connotaciones. Otros estudios llevaron a considerarlo ya no en su carácter disfuncional, sino en tanto elemento constitutivo de todo proceso comunicacional (THOMPSON, 2017) . En este sentido, podemos hablar de una polisemia del ruido que encontró también un desarrollo propio a nivel estético y artístico.

Con el avance de la técnica y la multiplicación de las grandes concentraciones urbanas se multiplicó exponencialmente la presencia del ruido en la vida moderna. La historia del arte y la música no han sido ajenas a esa identificación, sino que directa o indirectamente, se ha llevado a cabo una progresiva incorporación del ruido en prácticas estéticas. Desde el *Manifiesto Ruidista* (1913) de Luigi Russolo (2018), pasando por *A Bruit Secret* de Duchamp (1916), la exploración fonética y gutural de dadaístas como Kurt Schwitters y Hugo Ball, hasta *4'33"* (1952) de John Cage (2007) – composición en la que señala el caudal de ruidos que habitan al interior del silencio –, la exploración tímbrica de Varèse, la música concreta de Scheffer y la proliferación de experimentación electroacústica, etc. Esta línea histórica continúa hasta la consolidación del *noise* como género en los 80 y sigue hasta el presente.

En este sentido, podemos observar un cambio del rol del ruido en la historia de la música; su recorrido ha ido desde su completa exclusión hasta llegar luego, por medio de una inversión de "figura/fondo", a otorgarle un rol protagónico. En ese punto es donde se transfiguran los términos, donde el *feedback* comunicacional llega a transmutarse *feedback* sonoro, y donde el ruidismo, en tanto género musical y campo estético, emerge como respuesta a las condiciones de vida urbana. La invasión constante de nuevas tecnologías con la consecuente multiplicación de mensajes parece seguir en aumento y su impacto específico sobre lo que Simondon (2008) llama "ruido de fondo social" está aún por estudiarse. A la luz de esta progresiva utilización estética se vuelve relevante la pregunta por el lugar del ruido en múltiples niveles. Filosofías del ruido, polisemias del sonido, metáforas del caos, de la ilegibilidad, de lo ininteligible, el ruido como proceso, como interferencia, como conocimiento o acontecimiento, pero también como matriz significante. Desde diferentes perspectivas, el ruido aparece como un acontecer polivalente, por momentos fantasmático (TOOP, 2013), que reclama un tipo particular de enfoque y que nos interpela, por ejemplo, sobre sus posibles relaciones con el capitalismo (AA.VV., 2009). El ruido suscita también la necesidad de indagar la escucha (OLIVEROS, 2019), de explorar los marcos y los límites perceptuales, ya que a es partir de éstos que se constituye como tal. Esta amplitud de sentidos relacionada con el ruido presenta una ambivalencia que involucra aspectos positivos y negativos. Por un lado, en su aspecto más favorable, supone una expansión de los recursos expresivos del campo de la música y una exploración ampliada en nivel de la estética. Por otro lado, el ruido aparece como lo problemático, lo indeseable, lo residual, lo que genera incomunicación, alienación y aislamiento. Todos estos aspectos muestran la complejidad del fenómeno y siendo constitutivos de él merecen ser tenidos en cuenta y estudiados en conjunto.

Por otra parte, pensar la forma en que se relacionan los conceptos de ruido y ritmo puede llevarnos a una intersección relevante. No parece ser casualidad que los instrumentos de percusión, los cuales principalmente se destinan al trabajo rítmico, sean en líneas generales los más "ruidosos", tanto por su volumen acústico como por sus características tímbricas. Tal vez, por eso, en la tradición occidental, la percusión haya quedado en gran parte relegada de protagonismo frente a las "virtudes melódicas" de instrumentos como el piano o el violín. De cualquier manera, es cierto que el ruido como fenómeno en sí mismo, no presenta de por sí una forma unívoca de movimiento asociado, es decir no impone una única forma de desenvolvimiento rítmico. Sin embargo, en alguna medida su asociación a la entropía sonora lo alejarían de la previsibilidad metronómica para acercarlo a los confines de lo aleatorio. En este sentido el ruido podría encontrar modos de fluir desde un cierto desenvolvimiento caótico, emparentado con la constante superposición de distintas fuentes sonoras provenientes el exceso de información propio de nuestras sociedades modernas.

Una posible hipótesis para estudiar y profundizar sería indagar si el ruido tiene la capacidad de relacionarse con lo rítmico de formas que actúan desde fuera del paradigma de la norma de control y disciplinamiento. Desde esta perspectiva, lo ruidoso presentaría una forma de ritmo propio, no métrico, irregular, en alguna medida imprevisible. En este sentido y aunque suene paradójico, tal vez el ruido pueda brindar entonces instancias de acercamiento a *rhuthmos* (MICHON, 2019), pero desde un lado completamente diferente.

A modo de conclusión

Temáticas tan complejas como las que se mencionan aquí requieren una investigación extensa y sostenida que exceden las posibilidades de este artículo. Sin embargo, resulta fundamental poder al menos iniciar esta reflexión, ya que a través de ella surgen tópicos centrales de las problemáticas sociales y comunicacionales contemporáneas. Encontrar una diversidad tal que permita incluir a todos los procesos sociales, resulta uno de los desafíos de nuestros días; y esta diversidad debería poder incluir formas rítmicas que actúen por fuera del "disciplinamiento metronómico" que mencionamos, ya que tienen plena validez. Si nuestras complejas y conflictivas sociedades actuales se desenvuelven en buena medida en un caos semántico ¿por qué entonces, no pensar el ruido como una posible banda sonora que incluya todas estas tensiones y contradicciones? En este sentido, el ruido podría estar evidenciando capas de ritmos y microritmos sociales que desde otras perspectivas pasarían desapercibidos. Si esto fuera cierto, escuchar, percibir y mapear estos ruidos, podría constituir una actividad vital para estudio social contemporáneo, además de una estruendosa restitución significante.

Bibliografía

AA.VV. (2009). *Ruido y Capitalismo*. Donostia-San Sebastián: Arteleku

ATTALI, J. (2005). *Ruidos. Ensayo sobre la economía política de la música*. Madrid: Siglo XXI.

BENVENISTE, É. (1979). *Problemas de lingüística general*. México: Siglo XXI.

CAGE, J. (2007). *Silencio*. Madrid: Árdora Ediciones.

DELEUZE, G. *Post-scriptum sobre las sociedades de control* en *Polis*, 13. Recuperado el 01 de 10 de 2019, de: http://journals.openedition.org/polis/5509

FOUCAULT, M. (1976). *Vigilar y Castigar: Nacimiento de la prisión*. México: Siglo XXI.

MICHON, P. (2019). *¿Disciplina, Control o Ritmo?* Rhuthmos, Recuperado de: http://rhuthmos.eu/spip.php?article2278

OLIVEIROS, P. (2019) *Deep Listening: Una práctica para la composición sonora*. Buenos Aires: Dobra Robota.
RUSSOLO, L. (2018). *El Arte de los Ruidos*. Buenos Aires: Dobra Robota.
SIMONDON, G. (2008). *El modo de existencia de los objetos técnicos*. Buenos Aires : Prometeo.
THOMPSON, M. (2017). *Beyond Unwanted Sound. Noise, affect and aestethic moralism*. Londres: Bloomsbury
TOOP, David (2013). *Resonancia Siniestra*, Buenos Aires: Caja Negra.

El ritmo en la poesía de la tierra

Sebastián Verea[1]

Durante los últimos años mi estudio ha estado enfocado en el modo en el que la cultura sonora refleja y a la vez da forma a la época geológica conocida como Antropoceno. Lo que sigue es una lectura de ese tema a la luz del artículo "Breve historia de la teoría del ritmo desde los años 70", de Pascal Michon (2019).

La especificidad del Antropoceno es que, por primera vez en la historia geológica del planeta – 4500 millones de años –, una especie – el homo sapiens – es el principal motor detrás de los cambios producidos al sistema terrestre. De esos cambios, los cambios más significativos fueron producidos en los últimos 80 años.

Asomarnos a una desproporción semejante – la escala del tiempo geológico en comparación con la historia del hombre moderno – exige aproximaciones necesariamente transdisciplinarias, y esas aproximaciones exigen la intermodulación de los ritmos y escalas de cada disciplina que las aborde.

Por su definición, el concepto de Antropoceno es una superposición de líneas de tiempo con ritmos que pulsan a escalas muy diferentes y alejadas las unas de las otras. Una de las dificultades que supone enfocarse en el concepto es la limitación natural de nuestro aparato sensorial para acceder a temporalidades, ritmos y fluctuaciones que están por fuera del espectro perceptible: las grandes escalas y las pequeñas escalas.

Análogo a esa limitación es el modo en el que percibimos el sonido. Cuando escuchamos un tono continuo estamos

<hr>

1. Compositor, músico intérprete y artista multimedia. Es el Director del Área de Artes Sonoras del Instituto de Arte M. Kagel de la Universidad de San Martín, Buenos Aires, donde también dirige el programa de postgrado en música ampliada.

recibiendo en realidad perturbaciones repetidas del aire, a una frecuencia más o menos estable, pero no somos capaces de percibirlas como eventos separados. Nuestra percepción es borrosa allí en donde las escalas son muy pequeñas, y limitada donde las escalas son muy grandes.

A la realidad fenomenológica del sonido – las oscilaciones – sólo accedemos por el intelecto. A su cualidad, accedemos por la percepción borrosa de nuestros sentidos, pero es esa percepción borrosa la que nos permite acceder a su musicalidad.

Las operaciones sobre el sonido a lo largo de la historia – la supresión de la coma pitagórica en pos de un sistema ordenado, la cuantificación del tono continuo en unidades discretas, la compresión del audio y supresión de frecuencias para su distribución en medios electrónicos y digitales, y el desacoplamiento del sonido de su propia fuente a través de las tecnologías de grabación y reproducción – sentaron la base para una cultura sonora de la aceleración, la superposición de información, la pérdida de las dinámicas en el material sonoro, y la cuantificación maquinal de las estructuras rítmicas.

La cultura sonora del Antropoceno podría ser representada por una onda rectangular, cuyas amplitudes han sido comprimidas al punto de verse como una línea plana. Tales son las operaciones del intelecto, la tecnología, el capitalismo y la aceleración.

En el texto de Michon, sobre el ritmo en la poética de Henri Meschonnic hay una clara referencia a la musicalidad como significado. Meschonic notó que, en la Biblia, la escritura está "saturada de marcas de oralidad", y que es inseparable de la voz. Michon observa en ese artículo que el sujeto poético propone un sistema único de valores infundidos en el ritmo

En el prólogo a *La Cifra*, Borges hace una distinción entre poesía intelectual y poesía verbal. Para ejemplificar sobre la poesía verbal transcribe la siguiente estrofa de Ricardo Jaimes Freyre:

Peregrina paloma imaginaria,
que enardeces los últimos amores;
alma de luz, de música y de flores,
peregrina paloma imaginaria.

La observación de Borges es que la estrofa de Freyre "no quiere decir nada y a la manera de la música dice todo". En el texto de Michon, estas propiedades de musicalidad están descriptas como las formas subjetivas dinámicas que transmiten los ritmos de los textos.

Lo mismo observa Benjamin Lerner (2016) sobre la poesía de John Keats, definiéndola como poesía que aspira a una "música imposible" que podemos describir, pero no oír ni tocar. Lerner dice de Keats, que pone el tiempo en suspensión.

Leonard Bernstein tomó de Keats el título de una de las conferencias dictadas en Harvard. El poema, *Sobre el Saltamontes y el Grillo*, es un ejemplo claro de musicalidad, oralidad y ritmo, y empieza diciendo *"The poetry of Earth is never dead"*, "La poesía de la tierra nunca muere". Bernstein observa, en esas mismas conferencias, que "la poesía ha empezado a mostrar una notable desintegración de la sintaxis, una disolución del significado o la continuidad lógica, que intoxica la mente" y concluye: "La fonología ahora reina. La sintaxis es un vago recuerdo de algo que alguna vez aprendimos."

Esa musicalidad o fonología es el aspecto del lenguaje más vinculado con los estados arcaicos de nuestra conciencia colectiva. En el texto de Michon, aparece una hipótesis poderosa sobre lo que nos convierte en sujetos: "Cuando hablamos, compartimos poderes lingüísticos y poéticos circulantes que nos permiten o nos impiden devenir sujetos."

En su hipótesis sobre el nacimiento de la conciencia, el antropólogo Roger Bartra la define como una red de dispositivos culturales compartida, una prótesis exocerebral simbólica. El dispositivo más complejo de esa red exocerebral es el lenguaje, pero Bartra ubica en el paquete exocerebral más primitivo del hombre a la música, la expresión sonora, la danza y los rituales. El ritmo en el origen de la cultura y la conciencia.

Que la sintaxis se convierta en un vago recuerdo, como lo presenta Bernstein en sus conferencias, nos permite acceder, en palabras George Steiner (2012), a "percepciones arcaicas de una armonía elemental anterior a las empobrecedoras y distorsionantes fragmentaciones de la lógica y las ciencias." En definitiva, nos permiten acceder a la forma arquetípica del sentido.

Clarice Lispector lo expresó de la siguiente forma: "Oye apenas superficialmente lo que digo, y de la falta de sentido brotará un sentido nuevo". Nos propone, así, leer aguzando el sentido del ritmo y la musicalidad y, en cierto modo, acallando la interpretación.

Todas estas aproximaciones nos proponen nublar los ojos del intelecto para diluir las fronteras de la lógica, la ciencia y las epistemologías. El estudio del ritmo nos permite acceder a eventos que, de otro modo, no están disponibles para nuestro intelecto. Allí donde nuestro rango de percepción rítmica se diluye – en las grandes y pequeñas escalas –, los observadores más sensibles del mundo nos alertan sobre lo que nos perdemos.

Rachel Carson (1962) eligió, para titular el libro que popularizó la problemática del impacto ambiental por el uso de pesticidas, una imagen basada en el poder del sonido y el silencio como metáforas de la vida y la muerte: *"La primavera silenciosa"*, para referirse a cómo año a año el canto de los pájaros disminuía. Sobre el 'Big Bang', Frances Dyson (2014) escribió en *The Tone of Our Times,* que se convirtió – como metáfora sonora y como voz – en el grito de guerra de la modernidad para decir 'Dios ha muerto'.

En la literatura, el sonido, el silencio y el ritmo funcionaron siempre como metáforas de lo que existe y de lo que deja de existir. Los ritmos en los que las especies aparecen y se extinguen, las guerras empiezan y terminan y las épocas geológicas cambian, sólo están disponible en largas escalas de tiempo, escalas que la acción del hombre ha logrado modificar.

Comprender la aceleración y su impacto es una tarea que requiere poner los signos de interrogación sobre la frecuencia de los eventos en todas esas escalas, para poder oír a una sinfonía que sólo podemos apreciar conociendo su totalidad. Cuando Leonardo Bernstein, es consultado sobre qué es lo que hace grande a Beethoven responde: "Es la forma. La inevitabilidad. En sus composiciones, cada nota que aparece es inevitable. No pudo haber sido otra."

La inevitabilidad. Aquello que no puede dejar de suceder. La maestría sobre el ritmo y el devenir. Virginia Woolf, quien revolucionó el ritmo en la escritura de su tiempo, en *Mrs. Dalloway* termina uno de sus largos pasajes descriptivos con una imagen y una pregunta que ponen, como los poemas de Keats, el tiempo en suspensión: "El mundo había levantado el látigo, ¿dónde descendería?"

El látigo asciende con el ritmo del mundo, dibujando la forma de una onda sobre el cielo, y en la cresta de su ciclo parece detenerse para decidir dónde descender. La historia del planeta es una danza de sonidos y silencios, asentamientos y extinciones, primaveras silenciosas, grillos y saltamontes, guerras y períodos de paz, látigos suspendidos esperando descender y ecos de un estado del Universo lejano en el espacio y el tiempo que aún llega hasta nosotros.

Pertenecemos al quinto asentamiento de especies y estamos escuchando el ruido de la sexta extinción. Es nuestro el privilegio de ser testigos del sonido del mundo y nuestra la responsabilidad de estar atentos al ritmo y la música de su lenguaje para poder rescatar, de entre las operaciones de compresión, cuantificación y supresión, el sonido de una época que puede ser la última que conozca la humanidad.

La cultura sonora del Antropoceno es la cultura de capitalizar y hacer propio el ruido del mundo, pero olvidamos que no nos pertenece y que, cuando ya no haya nadie para recordar nuestra voz, la poesía del mundo va a seguir sonando.

Bibliografía

CARSON, R. (1962) . *Silent Spring*. Boston: Houghton Mifflin.
DYSON, F. (2014). *The tone of our times. Sound, Sense, Economy and Ecology*. Cambridge, Massachusetts: The MIT Press.
LERNER, B. (2016). *The heatred of Poetry*. London: Fitzcarraldo Editions.
MICHON, P. (2019). *Una breve historia de la teoría del ritmo desde los años 70*. Obtenido de Rhuthmos:
http://rhuthmos.eu/spip.php?article2345
STEINER, G. (2012). *La poesía del pensamiento*. Buenos Aires: Fondo de Cultura Económica; Siruela.

Antiplatonismo y totalitarismo

Gabriel Vinazza[1]

Con respeto y admiración, aún con el grato recuerdo de nuestro encuentro e intercambio, aprovecho esta oportunidad para celebrar la iniciativa y a la vez precisar las inquietudes que en su momento expuse con dificultad, entre hospedajes y traducciones, respecto de la exclusión de un abordaje "platónico" en un proyecto de ritmología posible.

El trabajo de Pascal Michon es tan bueno como necesario. No tengo noticias de ninguna genealogía ni arqueología, ningún estudio histórico y sistemático del concepto de ritmo que no sea el suyo. A la vez sintético y minucioso, Pascal examina, extrae y enumera con precisión las distintas definiciones de ritmo – casi siempre implícitas – de una inmensa cantidad de textos de interesantes personajes europeos avocados a la teoría de las disciplinas más diversas. Dicho esto, en un gesto de nietzscheana amistad que como gran lector Pascal sabrá interpretar, me dedico en lo que sigue a enumerar algunas discrepancias que no tienen ninguna aspiración académica sino filosófica. Estas discrepancias no pueden, en virtud de lo dicho, reprochar su implacable metodología. Se trata, más bien, de discrepancias programáticas y, a lo sumo, de alguna humilde sugerencia en relación con la lectura de los Antiguos, a los que Pascal se dedica – quizás me equivoco – con menor intensidad. Como última aclaración, me confieso culpable de lo contrario y le agradezco, entonces, los excelentes resúmenes de autores para mí en gran parte desconocidos.

Pascal enfatiza que una condición necesaria para cualquier ritmología futura es cierto antiplatonismo. Con esto se refiere a la negativa de concebir – ¿y quizás analizar? – el ritmo desde una perspectiva "métrica". No queda claro si con "métrica" se refiere

1. Profesor de Filosofía. Es docente, compositor, programador y investigador. Estudió música en el CSMMF, donde participó en la formación original del Coro de Música Contemporánea conducido por el Maestro Eduardo Pugliese.

únicamente a cualquier medición o sistema de medida de distancias entre fenómenos, la medición de ciertas características de estos, o sencillamente a cualquier intromisión matemática en la elaboración y estudio del concepto de ritmo. Me inclino por esto último. Adjudica a Platón, además, tal perspectiva basado en la definición y el carácter explícitamente disciplinario que el filósofo destaca del ritmo – ¿la música? – en su libro Las Leyes.

En el reciente debate Zizek-Peterson, después de que Peterson, flamante defensor de las bondades del capitalismo, dedicó toda su apertura a criticar el *Manifiesto Comunista* sistemáticamente – como si los puntos que señalaba no hubiesen sido debatidos desde el momento mismo de su publicación –, Zizek simplemente llamó la atención respecto de China, donde capitalismo y totalitarismo se asocian felizmente. De esta manera apuntó el esloveno a un supuesto no problematizado en la perspectiva de Peterson. ¿De dónde sale su asociación necesaria entre capitalismo y democracia o capitalismo y libertad? Creo que Pascal proyecta un anti-platonismo o anti-metricismo por asociaciones similares.

Una primera asociación sería entre disciplina y totalitarismo. Esta primera asociación sorprende ya que Pascal intenta tomar distancia de lo que él denomina "excesos" posmodernos, que otorgan al caos y la dispersión un lugar predominante. Una asociación directa entre disciplina y totalitarismo es precisamente el supuesto metafísico que otorgó a esta tendencia posmoderna un tono de rebeldía y de liberación. Tales críticas han dado lugar a todo tipo de sofismos, muchas veces incluso contra los supuestos autores de tales pensamientos, brindando argumentos para versátiles modelos de consumo o disputas de poder de grupos ilustrados que reciclan estructuras totalitarias (ahora políticamente correctas).

Otra asociación parece darse entre "métrica" o matemática y totalitarismo, así sea directamente o por intermedio de la anterior asociación disciplina-totalitarismo. Todavía hoy es necesario combatir esta completa caricatura de la matemática, existen pocos clichés del conocimiento tan superficiales como esta idea de que la matemática representa necesariamente un agente castrador. Si se me permite una pequeña digresión autorreferencial, como live-coder, mi experiencia con la matemática es fundamentalmente creativa e, incluso, responde al antiguo refrán filosófico de "amor al conocimiento". El live-coding no tendría sentido si los algoritmos, la lógica o la matemática, fueran elementos que intrínsecamente atentan contra la estética o la libertad ya que el live-coding se trata, precisamente, de generar una experiencia estética a partir de la improvisación. Es más, que el código se muestre es un requerimiento elemental de estas performances, es decir que los algoritmos son en sí mismos una parte central, un objeto de contemplación, un elemento indispensable de esta experiencia, se consideran bellos y expresan la libertad del intérprete. A propósito, por ejemplo, de la música electrónica bailable (como también la tribal o religiosa), sería redundante insistir sobre la importancia de la métrica regular para inducir a estados de trance, meditación, comunión y celebración. Suponer que la gente que baila o realiza un movimiento sincrónico pierde su voluntad o individualidad, es un gesto propio de las vanguardias iluminadas que muchas veces, precisamente por su falta de ritmo, desconocen estas experiencias o se indignan ante la primitiva ignorancia de las masas que – vaya paradoja – juzgan a sincopadamente. La métrica puede ser, sí, una tecnología intimidantemente normalizadora pero precisamente por su innegable efectividad es que no puede desestimarse. No es aquí, sin embargo, donde quisiera detenerme en la reflexión sobre la métrica, el ritmo y Platón.

Hay que decir que la matemática parece apropiada – en una primera mirada de reconocimiento – por la filosofía analítica, de la cual Pascal se encuentra claramente alejado. Pero incluso Badiou, a quien no podríamos tildar de analítico (aunque sí de platónico), establece que la matemática es un pilar indispensable en la filosofía. No se refiere, por supuesto, a la matemática en tanto instrumento de rigor, sino como capacidad de abstracción, ontología de lo posible y, sobre todo, ¡fuente de placer! También es cierto que Platón tiene influencias pitagóricas y los pitagóricos sí postulaban entes matemáticos como fundamento u origen de una realidad posterior. Pero Platón, a pesar de coquetear con esta idea y otorgarle a las Ideas tantas propiedades matemáticas como le son posibles, no es a la matemática misma a la que coloca como verdad última de la realidad. En la Academia platónica es sabido que existía un inamovible requerimiento: "no entre quien no sea geómetra". Pero lejos de determinar la realidad, la matemática tenía para él un carácter propedéutico, era el lenguaje más elaborado para explicar la realidad desde una teoría verosímil, no necesariamente cierta. Esto puede encontrarse en muchas partes, como en *La República* o el *Timeo* o la *Carta VII* donde toda la teoría de las Ideas se diluye hermosamente en un poético pasaje de misticismo.

Pascal indica que la raíz etimológica de ritmo está en el griego "fluir". Encontramos este "fluir" en otro importante diálogo Platónico, el Teeteto. Allí aparece el problema gnoseológico relacionado con el flujo. Si el flujo es un cambio total y constante, no puede conocerse, ¿cómo podríamos siquiera identificar un objeto si nada de lo que lo constituye como tal se mantiene en su "fluir"? Sin duda, la historia y la geografía política tienen su fluir también, pero si no se estableciera un parámetro de mesura, por arbitrario que fuere, ¿cómo podría Pascal referirse a tal o cual pensador, que escribió en tal o cual año, que vivó en tal o cual país o contexto social y político? Hay que destacar, además, que Pascal lo hace excelentemente y no escatima en precisiones de este tipo. ¿Por qué serían menos lícitas para desarrollar un concepto de ritmo que de historia o genealogía?

Platón, el predecible archi-villano, propuso en el siglo IV a.C. un proyecto de transformación social a través de la educación donde – por ejemplo – las mujeres y los hombres eran considerados iguales. Son famosas las justificaciones de su gran discípulo Aristóteles, primer anti platónico, que siempre se rehusó a incluir contemplaciones matemáticas en su filosofía, donde explica cómo las mujeres y los esclavos son seres inferiores "por naturaleza". Aristóxeno de Tarento, a su vez discípulo de Aristóteles, enfrentó la idea pitagórica de que la música era matemática. La música es, para Aristóxeno, una experiencia sensorial. Más allá de cualquier análisis o clasificación matemática, la música es un fenómeno de los sentidos y del sentido. A pesar de todas las supuestas amenazas y posturas reduccionistas, la música como fenómeno sensorial sigue existiendo y la matemática que la aborda produce placer y conocimiento, pero no la ha reemplazado ni esterilizado, no veo por qué sucedería con el ritmo.

La matemática no es el único orden que puede justificar un totalitarismo, lo son por igual las líricas fundacionistas y escatológicas. Ni siquiera se trata de establecer a la matemática como único abordaje posible o, lo más temido, forzar al ritmo a corresponder con cierta prescripción matemática, pero tampoco de segregar por completo la "métrica" en la construcción conceptual del ritmo por miedo al capitalismo, el positivismo o la instrumentación (que, dicho sea de paso, sigue revolucionándolo todo con sus métricas y platonismos). No se estaría sorteando así ningún peligro sino, por el contrario, cediendo territorios al fantasma de nuestro enemigo.

Ruego que no se me malinterprete y espero haber sido "a penas bueno" en estas líneas que concluyen, para reconocer el mérito de Pascal y tanta gente y sobre todo amigos involucrados en esta entusiasmante empresa. Que nadie se confunda, sería una locura acusar a Pascal de totalitario. Por el contrario, celebro su dedicación, su disposición y la elección de su objeto de reflexión. Es en virtud de otro de los requerimientos que señala para una futura ritmología que excuso mi insolencia: además de la creación de instituciones o grupos especializados, Pascal insiste en la interdisciplinaridad. En este sentido que me parece pertinente advertir, por si acaso se estuviese desechando una disciplina, una entre tantas, que podría enriquecer más que empobrecer tal proyecto. Mis saludos y felicitaciones.

Índice alfabético